Tobias Riemenschneider

UNTERORDNUNG UND WIDERSTAND

Eine Predigt zu Römer 13,1-7

Arbeitsgemeinschaft
**Weltanschauungs-
fragen** e.V.
AG WELT

Tobias Riemenschneider
UNTERORDNUNG UND WIDERSTAND
Eine Predigt zu Römer 13,1-7
1. Auflage 2021
© Arbeitsgemeinschaft Weltanschauungsfragen e.V., Lage
Titelbild: Shutterstock, 1104744641, Prazis Images
ISBN: 978-3-86954-469-4
Bestell-Nr.: 548469

Inhalt

Predigt zu Römer 13,1-7 1-33

Jesus im Mittelpunkt behalten - Gerade wegen Corona

Erklärung der Evangelisch-Reformierten

Baptistengemeinde Frankfurt..34-45

UNTERORDNUNG UND WIDERSTAND
RÖMER 13,1-7

¹ Jede Seele unterwerfe sich den übergeordneten (staatlichen) Mächten! Denn es ist keine (staatliche) Macht außer von Gott, und die bestehenden sind von Gott verordnet. ² Wer sich daher der (staatlichen) Macht widersetzt, widersteht der Anordnung Gottes; die aber widerstehen, werden ein Urteil empfangen. ³ Denn die Regenten sind nicht ein Schrecken für das gute Werk, sondern für das böse. Willst du dich aber vor der (staatlichen) Macht nicht fürchten, so tue das Gute, und du wirst Lob von ihr haben; ⁴ denn sie ist Gottes Dienerin, dir zum Guten. Wenn du aber das Böse tust, so fürchte dich! Denn sie trägt das Schwert nicht umsonst, denn sie ist Gottes Dienerin, eine Rächerin zur Strafe für den, der Böses tut. ⁵ Darum ist es notwendig, untertan zu sein, nicht allein der Strafe wegen, sondern auch des Gewissens wegen. ⁶ Denn deshalb entrichtet ihr auch Steuern; denn es sind Gottes Diener, die eben hierzu fortwährend beschäftigt sind. ⁷ Gebt allen, was ihr (ihnen) schuldig seid: die Steuer, dem die Steuer; den Zoll, dem der Zoll; die Furcht, dem die Furcht; die Ehre, dem die Ehre (gebührt)!

- EINLEITUNG -

Das Thema, mit dem wir uns heute beschäftigen, spielte in unserer westlichen Welt viele Jahrzehnte eigentlich keine Rolle. In anderen Ländern der Welt sehr wohl. Fragt mal die Geschwister unter uns, die in der UdSSR gelebt haben, wie das dort war. Aber in unserem „christlichen Abendland", das geprägt war von christlichem Denken und christlichen Werten, war die Frage des Verhältnisses zwischen Staat und Kirche oder Staat und Christ eigentlich geklärt.

Die Verfassungen der Staaten der westlichen Welt enthalten bestimmte Grundrechte, zu denen auch die Religionsfreiheit gehört. So heißt es im Grundgesetz für die Bundesrepublik Deutschland in Art. 4: „Die Freiheit des Glaubens, des Gewissens und die Freiheit des religiösen und weltanschaulichen Bekenntnisses sind unverletzlich", und: „Die ungestörte Religionsausübung wird gewährleistet".

Mit anderen Worten: Du darfst in unserem Land glauben, was du willst, du darfst deinen Glauben bekennen, wie du willst, und du darfst deinen Glauben grundsätzlich ausüben, wie du willst, und der Staat hat sich da rauszuhalten. Der Staat hat keine Autorität, den Bürgern in ihren Glauben oder ihren Gottesdienst hineinzureden.

Und um sicherzustellen, dass der Staat das auch nicht tun kann, wurde in unsere Verfassung das Grundrecht auf Religionsfreiheit aufgenommen. Denn Grundrechte sind Abwehrrechte des Bürgers gegen den Staat. Wenn also der Staat übergriffig werden sollte, dann kann der Bürger sich wehren, indem er dem Staat dieses Grundrecht entgegenhält und sagt: „Halt! Bis hierin und nicht weiter!"

Und viele Jahrzehnte lang hat das ganz gut funktioniert. Aber leider ist unsere Verfassung nur ein Stück Papier. Entscheidend ist nicht so sehr, was auf dem Papier steht, sondern wie die Regierenden und Richter es auslegen und anwenden. Das Problem ist, dass unsere Verfassung einer christlich geprägten Weltsicht entspringt und deshalb auch nur in einem Staat funktioniert, der eine christlich geprägte Weltsicht hat. Und unser Staat hat das nicht mehr. Die Entchristlichung in unserem Staat ist zu weit fortgeschritten.

Ein Beispiel: Art. 6 des Grundgesetzes stellt die Ehe unter den besonderen Schutz des Staates. Für die Väter des Grundgesetzes war klar, was sie damit meinen. Sie hatten eine christlich geprägte Weltsicht und daher war für sie klar: Sie wollten die Ehe zwischen einem Mann und einer Frau schützen als die Verbindung, aus der Kinder hervorgehen, die Keimzelle der Gesellschaft.

Aber heute, 70 Jahre später, haben die Regierenden und Richter in unserem Land eine säkulare, gottlose, antichristliche Weltsicht. Sie leugnen, dass die Ehe eine Schöpfungsordnung ist und dass Gott definiert, was Ehe ist. Sie denken, die Ehe sei ein gesellschaftliches Konstrukt und werde von Menschen definiert. Und wenn die Gesellschaft sich ändert, könnten Menschen Ehe auch umdefinieren.

Und so haben die Regierenden 2017 unter Konfetti-Regen beschlossen, dass eine Ehe auch zwischen zwei Männern oder zwei Frauen oder zwei Diversen bestehen könne, und die Richter haben sich dem nicht entgegengestellt. Und deshalb schützt unsere Verfassung jetzt etwas, was sie nie schützen wollte, nämlich nicht die Verbindung, aus der Leben entsteht, sondern eine gottlose, sündhafte Lebensweise. Der Text der Verfassung hat sich nicht geändert, aber seine Auslegung und Anwendung. Und damit wurde die Verfassung komplett pervertiert und verdreht. Die Ehe steht nicht mehr unter dem besonderen Schutz des Staates als etwas Heiliges, sondern sie wurde einem Gräuel gleichgestellt.

Seht ihr, wir fragen uns oft, wann wohl das Gericht Gottes über unser gottloses Land kommt. Die Antwort ist: Es ist schon längst hier! Wir sind gerade Zeugen des Zornes Gottes über unser Land. Schaut in Römer 1. Unser Staat leugnet Gott, überall in den Schulen leugnet er Gott. Unser Volk hat keine natürliche Liebe mehr, es tötet sogar massenhaft seine eigenen Kinder. Und indem sich die Menschen für Weise ausgeben, sind sie zu Narren geworden. Sehen wir das nicht gerade überall? Wie die Menschen so sehr auf ihre Wissenschaft setzen und sich damit zu Narren machen? Und deswegen hat Gott unser Land dahingegeben in alle möglichen Begierden und Sünden und vor allem in das öffentliche und staatliche Ausüben und Gutheißen von Homosexualität. Das sind klare Zeichen des Gerichts über unser Land. Das heißt nicht, dass es nicht noch schlimmer wird. Es wird noch schlimmer, aber das Gericht hat schon begonnen.

Ich erzähle das deshalb, weil es wichtig ist, dass wir verstehen, dass unsere westliche Welt in einem gewaltigen Umbruch ist, der drastische Veränderungen mit sich bringt. Dieser Umbruch hat begonnen vor langer Zeit, aber nun nähert er sich seiner Vollendung. Die Grundpfeiler werden umgerissen. Und deshalb können wir uns nicht mehr darauf verlassen, dass unser Glaube und unser Gottesdienst in diesem Staat geschützt sein werden, auch wenn das auf dem Papier noch so steht. Die Regierenden werden eingreifen in unseren Glauben und unseren Gottesdienst, und die Richter werden uns nicht schützen.

Wir wissen das schon lange. Wer die Zeichen der Zeit erkannt hat, dem war klar, dass der Staat früher oder später übergriffig werden würde. Denn wenn wir biblische Wahrheiten predigen, zum Beispiel über Homosexualität oder Transsexualität oder manch andere Dinge, dann sind wir in den Augen dieses Staates Hassprediger, die man nicht tolerieren kann, sondern gegen die man vorgehen muss, die man mundtot machen muss. Es gilt, diese neue antichristliche Welt zu schützen vor dem biblischen Christentum. Nicht vor dem Christentum der großen Kirchen, das passt sich an, aber vor dem wahren, biblischen Christentum.

Nun, wir wussten, das würde kommen, aber wir dachten, wir hätten noch Zeit. Und dann kam 2020. Und es kam die Corona-Krise. Und er Staat griff in den Gottesdienst ein, wie er es nie zuvor gewagt hatte. Und hinzukam, dass der Staat es in eben diesem Jahr auch tatsächlich zum ersten Mal wagte, einen Pastor als Volksverhetzer zu verurteilen wegen biblischer Aussagen zur Homosexualität, unseren geliebten Bruder Pastor Olaf Latzel. Wir sind mittendrin im Gericht Gottes, in einer antichristlichen Welt.

Und plötzlich ist die Frage des Verhältnisses zwischen Staat und Kirche oder Staat und Christ brandaktuell, und es ist extrem wichtig, dass wir uns damit beschäftigen. Denn die derzeitige Krise hat die meisten Gemeinden völlig unvorbereitet getroffen, unsere Gemeinde eingeschlossen.

Und es hat sich in dieser Krise offenbart, dass viele Gemeinden große, gravierende theologische Mängel haben; Mängel, die infrage stellen, ob diese Gemeinden eine solche Krise überhaupt überstehen können, ob sie überhaupt bestehen können in dieser neuen entchristlichten Welt. Oder ob diese Mängel nicht am Ende zum Abfall vom Glauben führen. Ich will ein paar Beispiele nennen.

Es zeigt sich eine mangelhafte Ekklesiologie, also eine mangelhafte Lehre von der Gemeinde. Gottesdienste mit nur 30 % der Geschwister? Kein Problem. Online-Gottesdienste? Tolle Sache, eine tolle Fortentwicklung! Es gibt Gemeinden, die haben sich seit einem Jahr nicht mehr versammelt. Diesen Gemeinden sei gesagt: Ihr seid per definitionem keine Gemeinde mehr. Denn eine Gemeinde ist der herausgerufene, körperlich versammelte Leib Christi, versammelt in herzlicher brüderlicher Liebe, die sich auch ausdrückt in körperlicher Nähe.

Es zeigt sich ein mangelhaftes Verständnis der Schrift: "Wir müssen nur tun, was ausdrücklich in Gottes Wort steht. Und solange da nicht ausdrücklich steht: „Ihr sollt euch jeden Sonntag an einem Ort als ganze Gemeinde körperlich versammeln, ohne Mindestabstand und ohne Masken", dann haben wir völlige Freiheit." So geht man niemals mit Gottes Wort um!

Es zeigt sich ein mangelhaftes Verständnis von Epistemologie, also der Lehre, wie wir erkennen, ob etwas wahr ist oder nicht. Und das ist verbunden mit einer völlig unbiblischen Weltsicht. Es ist töricht, wenn Christen glauben, der Staat sei irgendwie neutral und man könne ihm schon vertrauen. Der Staat, der grundlegende Schöpfungswahrheiten, die jedes Kind versteht, leugnet über Mann und Frau, Ehe, Familie, Sexualität, Geschlecht, ja, der selbst den Schöpfer leugnet, er wird uns doch nicht belügen! Der Staat, der jedes Jahr für die Tötung von 100.000 Kindern im Mutterleib verantwortlich ist, er wird doch unser Leben schützen wollen! Wir Christen müssen Freunde der Wahrheit sein, nicht der Lüge. Benjamin Franklin sagte einst: *Nur die Lüge braucht die Stütze der Staatsgewalt, die Wahrheit steht von alleine aufrecht.* Etwas zum Nachdenken.

Damit verbunden ist auch eine mangelhafte Geschichtskenntnis. Wir wissen alle sehr wenig über Geschichte, sowohl über Kirchengeschichte als auch über säkulare Geschichte. Und deswegen meinen einige, die derzeitige Situation sei irgendwie vergleichbar mit Seuchen aus der Vergangenheit. Und Pastoren und Professoren zitieren Richard Baxter oder Martin Luther und wenden das auf unsere Situation an. Und davon abgesehen, dass sie diese beiden Gottesmänner sogar in ihrem ursprünglichen Kontext falsch verstehen, hatten diese es damals zu tun mit der Pest und der Cholera. Vielleicht schaut ihr mal in die Geschichtsbücher. Oder ihr lest den sehr empfehlenswerten Artikel von Jürgen-Burkhard Klautke in der aktuellen Ausgabe der Bekennenden Kirche. Dann versteht ihr, wie Christen mit großen Seuchen umgegangen sind. Sie sind nicht auseinandergegangen und haben aufgehört, sich zu versammeln, und haben Abstand gehalten und Masken getragen. Sie haben die Sterbenden im Arm gehalten! Danach sind sie krank geworden und gestorben, und der nächste hat sie im Arm gehalten. Damit verbunden ist auch ein falsches Verständnis, was Leben und Tod für einen Christen bedeuten.

Es zeigt sich auch ein mangelhaftes Verständnis von Verfolgung, auch wieder verbunden mit einer mangelhaften Kenntnis der Kirchengeschichte. Verfolgung sei nur, wenn es sich gezielt und ausschließlich gegen die Christen richte. Das ist so ein Unfug! Dann gab es sehr wenig Verfolgung in der Kirchengeschichte. Ironischerweise werden gerade die Leute, die das behaupten, vermutlich nie verfolgt werden. Denn man wartet nicht darauf, dass man verfolgt wird, um Gottes Gebote zu halten, sondern man hält Gottes Gebote und darum wird man verfolgt. Wenn der Staat etwas gebietet, was alle betrifft, und alle können sich daran halten, aber du kannst dich um des Wortes willen, wegen deines Glaubens nicht daran halten, und deshalb straft der Staat dich, dann ist das Verfolgung. Ich sage später noch etwas dazu.

Es zeigt auch ein mangelhaftes Verständnis, was die Einheit der Christen ist. Manche werfen uns vor, wir würden mit unserer Stellungnahme die Einheit der Christen gefährden. Als ob die Einheit der Christen darin bestehen würde, dass man einfach seinen Mund hält und über strittige Themen nicht spricht. Die Einheit der Christen ist nicht einfach eine äußere Einheit, sondern dass wir eines Sinnes sind. Und als ob man wegen einer äußeren Einheit keine öffentlichen Diskussionen über theologische Streitthemen führen dürfe. Dann hätte es die halbe Kirchengeschichte nicht gegeben und die Reformation nicht gegeben.

Es zeigt auch ein mangelhaftes Verständnis, was das Zeugnis der Christen in dieser Welt ist. Manche meinen wirklich, unser Zeugnis sei, dass wir Menschen gefielen, dass sich niemand über uns ärgere, uns vielleicht für verantwortungslos hielte. Unser Zeugnis ist Treue zu unserem Herrn und seinen Geboten, und dafür wird die Welt uns hassen! Das ist unser Zeugnis.

Es ließe sich noch Vieles aufzählen, aber zuletzt: Es zeigt sich eine Führungskrise. Denn die Pastoren, die sich gerade in solchen Zeiten als mutig und stark und männlich erweisen sollen, sie sind oft die, die diesen ganzen Unsinn erzählen und damit ihre Schafe quälen, und ich fürchte, viele tun das vor allem deshalb, weil sie nicht verfolgt werden wollen.

Man hat uns übrigens auch vorgeworfen, unsere Stellungnahme sei im Ton zu hart und lieblos. Das wurde uns vorgeworfen von Männern. Wir müssen wieder lernen, was es heißt, ein Mann zu sein. Wir fangen nicht an zu weinen, weil uns Worte zu hart sind.

Und weil man in Zukunft, wenn der HERR nicht noch einmal Gnade schenkt, eine wahre Gemeinde von einer abgefallenen Gemeinde zunehmend daran unterscheiden wird, ob sie verstanden hat, wann sie sich dem Staat unterzuordnen und wann sie sich ihm zu widersetzen hat und ob sie bereit ist, Verfolgung zu leiden um des Wortes willen, ist es so wichtig, dass wir eine fest in der Schrift gegründete Theologie über diese Dinge haben.

Und auch hier haben wir Beispiele aus der UdSSR. Dort haben die Geschwister an solchen Dingen festgemacht, ob eine Gemeinde abgefallen war oder nicht: ob sie sich dem Staat gemeldet und dem Staat untergeordnet hat oder nicht. Deshalb brauchen wir eine in der Schrift gegründete Theologie über diese Dinge.

Und das ist mein Ziel: Heute in dieser kurzen Zeit ein solches Fundament zu legen. Und so wollen wir uns dem zentralen Text zu diesem Thema in zwei Punkten nähern: (1) Unterordnung unter den Staat; und (2) Widerstand gegen den Staat.

– (1) UNTERORDNUNG UNTER DEN STAAT –

[1] *Jede Seele unterwerfe sich den übergeordneten (staatlichen) Mächten!*

Jeder von uns muss sich den übergeordneten staatlichen Mächten unterwerfen.

Das griechische Wort, das mit „unterwerfen" übersetzt ist, kommt aus der Militärsprache und bedeutet, den Platz unter dem Befehlshaber einzunehmen, der einem zugewiesen ist. Wir sollen also den uns zugewiesenen Platz einnehmen, und dieser Platz ist unter den übergeordneten staatlichen Mächten.

Und wir nehmen diesen Platz nicht nur äußerlich und widerspenstig ein, sondern innerlich und bereitwillig, mit unserer Seele: *¹ Jede Seele unterwerfe sich!*

Und wir unterwerfen uns *den übergeordneten (staatlichen) Mächten.* Mehrzahl. Das Wort „staatlich" steht im Griechischen nicht, sondern ist eine Ergänzung der deutschen Übersetzung; ist aber inhaltlich korrekt. Wir unterwerfen uns also nicht erst dann, wenn die Polizei mit gezogener Waffe vor uns steht, sondern allen übergeordneten Mächten vom Bundespräsidenten bis hin zum geringsten Sachbearbeiter einer Behörde.

Unterwerfung unter die staatlichen Mächte bedeutet: (1) Wir erkennen an, dass sie uns übergeordnet sind, und behandeln sie nicht respektlos oder fordernd, sondern; (2) wir behandeln sie mit Ehrerbietung; und (3) wir gehorchen ihnen – in bestimmten Grenzen; dazu später.

Wenn das nächste Mal ein Hilfspolizist dir einen Strafzettel schreibt wegen Falschparkens, dann fährst du ihn nicht an, was er denke, wer er sei, und du hättest hier nur drei Minuten gestanden, sondern du entschuldigst dich für deine mangelnde Unterordnung und bedankst dich respektvoll für seinen Dienst. Und wenn der Staat geboten hat, indem er Schilder aufgestellt hat, dass man irgendwo 100 km/h fahren darf, dann fährst du nicht 150 km/h, sondern du fährst 100 km/h. Und du tust es gerne, mit deiner Seele. Seht ihr, dieser Punkt ist sehr ernst. Als Christen müssen wir uns dem Staat unterwerfen.

Diese Unterordnung gilt aber nur gegenüber den Mächten, die uns auch tatsächlich in einem bestimmten Bereich übergeordnet sind. Andere übersetzen hier mit: „die Gewalt über ihn hat" (Luther) oder: „die über ihn gesetzt sind" (Schlachter). Der Hilfspolizist kann dir einen Strafzettel schreiben. Wenn er aber am nächsten Tag vor deiner Tür steht und deine Wohnung durchsuchen will, hat er hierzu keine Autorität. In diesem Bereich ist er dir nicht übergeordnet, und du musst dich ihm nicht unterordnen. Ja, im Gegenteil wäre es töricht, wenn du ihn reinlassen würdest. Diesen Gedanken werden wir nachher noch einmal aufgreifen.

Aber warum sollen wir uns den übergeordneten staatlichen Mächten unterwerfen? Haben wir etwa Menschenfurcht? Ordnen wir uns unter, weil die stärker sind oder klüger oder weiser? Nein, der Grund ist ein anderer. Weiter Vers 1: *Denn* – hier kommt die Begründung – *denn es ist keine (staatliche) Macht außer von Gott, und die bestehenden sind von Gott verordnet.*

Warum unterwerfen wir uns den staatlichen Mächten? (1) Allgemein: weil jede Macht von Gott kommt; und (2) besonders: weil die bestehenden staatlichen Mächte von Gott verordnet sind.

Alle Macht kommt von Gott. Nur Gott hat Macht aus sich selbst, und er hat alle Macht; er ist der alleinige Machthaber. Und wenn irgendein Mensch irgendeine Macht hat, dann nur, weil Gott sie ihm verliehen hat.

Wir lesen das ganz grundlegend im Schöpfungsbericht in Genesis 1: *²⁷ Und Gott schuf den Menschen als sein Bild, als Bild Gottes schuf er ihn; als Mann und Frau schuf er sie. ²⁸ Und Gott segnete sie, und Gott sprach zu ihnen: Seid fruchtbar und vermehrt euch, und füllt die Erde, und macht sie (euch) untertan; und herrscht über die Fische des Meeres und über die Vögel des Himmels und über alle Tiere, die sich auf der Erde regen!*

Gott gibt den Menschen Herrschaft. Gott hat alle Menschen gleich im Bilde Gottes geschaffen. Da ist kein Mensch, der von sich aus über einem anderen Menschen stünde. Wenn jemand Macht hat, dann kommt sie von Gott. Wenn die Eltern Macht haben über die Kinder, der Mann über die Frau, die Pastoren über die Geschwister, der Arbeitgeber über den Arbeitnehmer, der Staat über den Bürger – jeder hat seine Macht von Gott.

Wenn jede Macht aber von Gott delegiert ist, dann heißt das auch, dass jeder, der Macht hat, nur ein Verwalter dieser Macht ist, die eigentlich Gott gehört, und dass er sich einst vor Gott dafür verantworten muss, wie er mit der ihm delegierten Macht umgegangen ist. Gott wird Rechenschaft fordern von jedem, dem er Macht verleiht, auch von den Regierenden.

Und deswegen gibt Gott in der Schrift auch Vorgaben, wie ein Herrscher sein soll, damit er seine Aufgabe erfüllen kann: Er soll tüchtig sein, gottesfürchtig, zuverlässig, ungerechten Gewinn hassend. Und er soll eine Kopie der Schrift bei sich haben, und dann heißt es, Deuteronomium 17: *¹⁹ (...) und er soll alle Tage seines Lebens darin lesen, damit er den HERRN, seinen Gott, fürchten lernt, um alle Worte dieses Gesetzes und diese Ordnungen zu bewahren, sie zu tun, ²⁰ damit sein Herz sich nicht über seine Brüder erhebt und er von dem Gebot weder zur Rechten noch zur Linken abweicht.*

So muss ein Herrscher sein. Seht ihr, deshalb ist es die Aufgabe der Kirche, auch den Obrigkeiten zu predigen, sie von ihren Sünden zu überführen und ihnen zu verkünden, dass sie Gottes Diener sind und was Gott von ihnen fordert, was gut und böse ist nach seinem Maßstab. Wer sollte das sonst tun, wenn nicht wir, denen die Offenbarung Gottes anvertraut ist?

Jede Macht ist von Gott delegiert, und Gott wird Rechenschaft von den Regierenden fordern, wozu sie diese Macht eingesetzt haben.

Die Menschen vergessen das gerne und meinen, sie hätten selbst Macht, und dann muss man sie gelegentlich daran erinnern, dass sie sich irren. So tut es Jesus mit Pilatus in Johannes 19: *[10] Da spricht Pilatus zu ihm: Redest du nicht mit mir? Weißt du nicht, dass ich Macht habe, dich loszugeben, und Macht habe, dich zu kreuzigen? [11] Jesus antwortete: Du hättest keinerlei Macht über mich, wenn sie dir nicht von oben gegeben wäre (…).*

Jede Macht kommt von Gott. Und nicht nur ist allgemein jede Macht von Gott, sondern die bestehenden staatlichen Mächte sind auch ganz konkret von Gott verordnet. In Daniel 2 heißt es über Gott: *[21] Er ändert Zeiten und Fristen, er setzt Könige ab und setzt Könige ein (…).*

Gott hat bestimmt, dass es einen König gibt, und er hat bestimmt, wer dieser König ist. Und das gilt nicht nur für den König, sondern auch für alle in Macht: für die Statthalter bis hinunter zur geringsten staatlichen Macht.

Für Deutschland hat Gott verordnet, dass es einen Kanzler gibt, und er hat Frau Merkel in dieses Amt eingesetzt. Er hat verordnet, dass es einen Gesundheitsminister gibt, und er hat Herrn Spahn in dieses Amt eingesetzt. Er hat verordnet, dass es im Land Hessen einen Ministerpräsidenten gibt, und er hat Herrn Bouffier in dieses Amt eingesetzt, und so weiter, bis hin zum geringsten Staatsdiener.

Das heißt nicht, dass jeder Machthaber Gott wohlgefällig ist. Gott hat viele gottlose, böse Könige eingesetzt. Auch dazu später mehr. Erst einmal halten wir fest, dass alle staatliche Macht von Gott verordnet ist.

Und deshalb heißt es weiter Vers 2: *Wer sich daher der (staatlichen) Macht widersetzt, widersteht der Anordnung Gottes; die aber widerstehen, werden ein Urteil empfangen.*

Du willst dich dem Staat widersetzen? Vorsicht! Du widersetzt dich nicht einfach nur Menschen oder menschlichen Einrichtungen, sondern du widerstehst Gott selbst und seiner guten Verordnung.

Auch das ist übrigens nicht nur bei staatlichen Mächten so, sondern überall, wo jemand Macht hat, denn wir haben ja gehört, dass jede Macht von Gott kommt. Kinder, die sich ihren Eltern widersetzen, widerstehen Gott und seinen Verordnungen. Frauen, die sich ihren Männern widersetzen, Christen, die sich ihren Pastoren widersetzen, Arbeitnehmer, die sie ihrem Arbeitgeber widersetzen, und Bürger, die sich dem Staat widersetzen, sie alle widerstehen Gott und seinen Verordnungen.

Und wer Gott widersteht, der wird gerichtet werden. Vers 2: *(...) die aber widerstehen, werden ein Urteil empfangen.*

Warum ist das so? Verse 3 und 4: *³ Denn* – hier kommt wieder die Begründung – *denn die Regenten sind nicht ein Schrecken für das gute Werk, sondern für das böse. Willst du dich aber vor der (staatlichen) Macht nicht fürchten, so tue das Gute, und du wirst Lob von ihr haben; ⁴ denn sie ist Gottes Dienerin, dir zum Guten. Wenn du aber das Böse tust, so fürchte dich! Denn sie trägt das Schwert nicht umsonst, denn sie ist Gottes Dienerin, eine Rächerin zur Strafe für den, der Böses tut.*

Warum hat Gott also staatliche Mächte verordnet? Was ist der Zweck der staatlichen Mächte und der Regenten? Sollen sie uns vor jedem Lebensrisiko schützen? Nein. (1) Sie sollen ein Schrecken sein für das böse Werk, indem sie den, der Böses tut, bestrafen; und (2) sie sollen eine Ermutigung sein für das gute Werk, indem sie den, der Gutes tut, loben. Der Staat soll also das Böse eindämmen und das Gute fördern.

Und indem der Staat diese beiden Dinge tut, handelt er als Gottes Dienerin. Ob die Regenten das wissen oder nicht, ob sie das wollen oder nicht, sie sind Gottes Diener.

Wenn der Staat den, der Gutes tut, lobt, dann handelt er als Gottes Dienerin. Vers 3: *(...) Willst du dich aber vor der „staatlichen" Macht nicht fürchten, so tue das Gute, und du wirst Lob von ihr haben; 4 denn sie ist Gottes Dienerin, dir zum Guten.*

Und wenn der Staat den, der Böses tut, bestraft, dann handelt er als Gottes Dienerin. Vers 4: *(...) Wenn du aber das Böse tust, so fürchte dich! Denn sie trägt das Schwert nicht umsonst, denn sie ist Gottes Dienerin, eine Rächerin zur Strafe für den, der Böses tut.*

Wenn der Staat diese Dinge tut, handelt er deshalb als Gottes Dienerin, weil es Gottes Recht ist, zu richten. Er ist der Rächer und Richter der Welt, der die Guten belohnt und die Bösen bestraft. Er wird das endgültig tun am Jüngsten Tag, am Ende der Zeit, aber er tut es teilweise auch schon in der Zeit. Er tut dies auf verschiedene Weisen, durch Krankheit und Tod, durch Unglücke und Katastrophen, durch Dahingeben in die Sünde; und er tut es, indem er sich der staatlichen Mächte bedient als seiner Dienerin.

Der Staat ist dem, der Gutes tut, zum Guten gegeben, indem er ihn belohnt und schützt vor dem Bösen, indem er seine gottgegebenen

Freiheiten und Rechte schützt vor Menschen, die uns unser Leben nehmen wollen, unsere Freiheit, unser Eigentum, und er handelt darin als Gottes Dienerin. Und er ist dem der Böses tut, zur Strafe gegeben, denn er rächt das Böse, und er handelt, darin als Gottes Dienerin. Wörtlich heißt es übrigens nicht „Strafe", sondern „Zorn". Der Staat führt also Gottes Zorn aus als seine Rächerin.

Und für die Ausführung der Rache und des Zorns hat Gott dem Staat ein besonderes Instrument gegeben, nämlich das Schwert: *Denn sie trägt das Schwert nicht umsonst.*

Das Schwert, nicht den Gefängnisschlüssel. Das Schwert ist ein Werkzeug zum Töten. Paulus schreibt hier, dass Gott dem Staat die Macht gegeben hat, Übeltäter zu bestrafen mit dem Tod.

Tatsächlich ist das das erste Gebot, das Gott den Menschen gibt für ein beginnendes Staatswesen, für ein System der Strafverfolgung. Nach dem Sündenfall und der Vertreibung aus dem Paradies wurden die Menschen immer böser, bis Gott ihrem bösen Treiben ein Ende setzte und die ganze Welt vernichtete in der Sintflut. Und nach der Sintflut beginnt Gott, ein System der Strafverfolgung einzuführen, staatliche Mächte einzuführen, damit es nicht mehr so schlimm würde, wie zuvor; und er gibt hierzu ein erstes Gebot. Wir lesen in Genesis 9: [6] *Wer Menschenblut vergießt, dessen Blut soll durch Menschen vergossen werden; denn nach dem Bilde Gottes hat er den Menschen gemacht.*

Gott hat den Staat beauftragt, die Todesstrafe zu vollziehen, und er hat ihn dazu bevollmächtigt, indem er ihm das Schwert gab; und er gab es ihm nicht umsonst.

Wenn also in der westlichen Welt nach 4.500 Jahren fast überall die Todesstrafe abgeschafft ist, ist das kein Zeichen des Fortschritts, sondern des Abfalls von Gott. Der Staat tut nicht mehr das, was Gott ihm ganz am Anfang als erstes Gebot gegeben hat. Das ist nicht Christentum, sondern antichristlicher Humanismus.

Und weil der Staat Gottes Dienerin ist, die das Gute belohnt und das Böse bestraft, braucht sich auch niemand, der das Gute tut, vor dem Staat zu fürchten, denn der Staat wird ihn belohnen; und jeder, der das Böse tut, sollte sich vor dem Staat fürchten, denn der Staat wird an ihm Rache und Zorn vollziehen, und das im Zweifel mit dem Schwert. Vers 3: *(...) Willst du dich aber vor der (staatlichen) Macht nicht fürchten, so tue das Gute, und du wirst Lob von ihr haben;* [4] *denn sie ist Gottes Dienerin, dir zum Guten. Wenn du aber das Böse tust, so fürchte dich!*

Allen Bösen sollte der Staat ein Schrecken sein, denn er wird sie strafen, notfalls mit dem Tod. Aber als Christen, deren Lebensaufgabe es ist, das Gute zu tun, sollten wir unsere Freude an dem Staat haben. Wir sollten Gott loben und ihm danken für seine gute Verordnung, für seine Dienerin, denn sie belohnt uns und schützt uns vor dem Bösen. Wenn der Staat seine Aufgabe recht erfüllt, dann trifft auf ihn zu, was wir lesen 2. Samuel 23: *³ (…) Wer gerecht herrscht über die Menschen, wer in der Furcht Gottes herrscht, ⁴ (der ist) wie das Licht des Morgens, wenn die Sonne aufstrahlt, eines Morgens ohne Wolken; von ihrem Glanz nach dem Regen (sprosst) das Grün aus der Erde.*

So will Gott Staat: zu unserem Guten, zu unserem Segen, zu unserer Freude gegeben. Ich weiß nicht, ob dieses Bild euch auch in den Kopf kommt, wenn ihr an Frau Merkel oder andere denkt. Aber so hat Gott sich das gedacht.

Und weil der Staat als Gottes Dienerin das Gute belohnt und das Böse bestraft, sollen wir uns dem Staat unterwerfen, warum? Vers 5: *Darum ist es notwendig, untertan zu sein, nicht allein der Strafe* – oder des Zorns – *wegen, sondern auch des Gewissens wegen.*

Wir müssen dem Staat untertan sein wegen des Zorns. Du willst dich auflehnen gegen den Staat? Der Staat wird dich strafen, vielleicht sogar mit dem Tod.

Aber nicht nur aus Angst vor dem Zorn müssen wir untertan sein, sondern auch des Gewissens wegen, also, weil es gut und richtig ist, dem Staat untertan zu sein, denn er fordert ja das Gute. Du willst dich auflehnen gegen den Staat? Du willst dich auflehnen gegen Gottes Dienerin, die das Gute belohnt und das Böse bestraft? Das ist böse! Das geht gegen dein Gewissen. Das darfst du nicht tun.

Was sollen wir stattdessen tun? Ab Vers 6: *⁶ Denn deshalb entrichtet ihr auch Steuern; denn es sind Gottes Diener, die eben hierzu fortwährend beschäftigt sind. ⁷ Gebt allen, was ihr (ihnen) schuldig seid: die Steuer, dem die Steuer; den Zoll, dem der Zoll; die Furcht, dem die Furcht; die Ehre, dem die Ehre (gebührt)!*

Weil die Regierenden Gottes Diener sind und fortwährend diesen guten Dienst tun – das ist ihre Beschäftigung, ihre Arbeit –, deshalb bezahlen wir sie auch für ihren Dienst, indem wir Steuern zahlen und Zoll zahlen; und wir bringen ihnen Respekt entgegen, indem wir sie fürchten und ehren, denn sie tun ein gutes Werk.

Und ergänzend heißt es in 1. Timotheus 2: *¹ Ich ermahne nun vor allen Dingen, dass Flehen, Gebete, Fürbitten, Danksagungen getan werden für alle Menschen, ² für Könige und alle, die in Hoheit sind, damit wir ein ruhiges und stilles Leben führen in aller Gottesfurcht und Ehrbarkeit. ³ Dies ist gut und angenehm vor unserem Retter-Gott, ⁴ welcher will, dass alle Menschen gerettet werden und zur Erkenntnis der Wahrheit kommen.*

Wir beten und bitten und flehen also auch für die Regierenden. Denn auch unter ihnen sind welche, die Gott retten will und zur Erkenntnis der Wahrheit führen will. Und wir sagen Gott Dank für die Regierenden. Denn er hat sie verordnet und eingesetzt zu unserem Guten. Denn hätten wir keinen Staat, der die Bösen straft, dann hätten wir Anarchie, und niemand würde deinen bösen Nachbarn davon abschrecken, dein Auto zu nehmen und dein Haus zu nehmen und deine Frau zu nehmen und alles zu nehmen, was dir gehört, und dich totzuschlagen. Es ist ein Segen und Grund zur Dankbarkeit, dass Gott den Staat verordnet hat.

Das ist die biblische Theologie der Unterordnung des Christen unter die staatlichen Mächte.

Nun mag vielleicht jemand unter euch denken: „Wie konntet ihr dann vor ein paar Tagen diese Corona-Stellungnahme herausgeben? Irgendwie passt da was nicht zusammen…".

Nun, das liegt daran, dass wir bisher nur die eine Hälfte der Wahrheit betrachtet haben. Und viele Christen bleiben bei dieser halben Wahrheit stehen. Und so kommt es, dass wir auf unsere Stellungnahme einen Kommentar erhalten, in dem man uns vorwirft, wir würden gegen das klare Gebot aus Römer 13 verstoßen.

Seht ihr, es ist ein großes Problem unserer Zeit, dass viele so schlecht die Bibel auslegen und wir alle keine Ahnung von Kirchengeschichte haben. Denn dieser Streit ist nicht neu, sondern er wird seit 2.000 Jahren geführt, und treue Brüder haben ganze Bücher dazu geschrieben. Oder glaubt ihr, die Hugenotten, als sie verfolgt wurden, hätten sich damit nicht beschäftigt und hätten keine Bücher dazu geschrieben? Auch in der Zeit der Reformation war das ein wichtiges Thema. Oder im Dritten Reich, Stichwort „Bekennende Kirche".

Und in diesen 2.000 Jahren wurde dieser Text auch immer wieder von Machthabern und Predigern missbraucht, um von den Christen absolute Unterordnung unter den Staat zu fordern. Ein Theologe schrieb einmal, der Missbrauch von Römer 13 habe „mehr Unglück und Elend verursacht, als irgendwelche anderen sieben Verse des Neuen Testaments" – der Missbrauch, nicht der rechte Gebrauch.

Ich zitiere aus einem Aufruf zum Ungehorsam gegen die staatlichen Corona-Maßnahmen von Tim Cantrell, Pastor der Antioch Bible Church in Südafrika:

Im Juli 1933, während Hitlers erstem Sommer an der Macht, hielt ein junger deutscher Pastor namens Joachim Hossenfelder eine Predigt in der hoch aufragenden Kaiser-Wilhelm-Gedächtniskirche, Berlins wichtigster Kirche. Er benutzte die Worte aus Röm 13, um die Gottesdienstbesucher an die Wichtigkeit des Gehorsams gegenüber den Machthabern zu erinnern. Die Kirche war mit Nazi-Bannern geschmückt, die Kirchenbänke waren voll mit Nazi-Getreuen und Soldaten in Uniform.

Früher im selben Jahr hatte Friedrich Dibelius, ein deutscher Bischof und einer der höchsten protestantischen Funktionäre des Landes, ebenfalls über Römer 13 gepredigt, um die Machtergreifung der Nazis und ihre brutale Politik zu rechtfertigen (...). Drei Tage nach dieser Predigt löste sich das deutsche Parlament auf, und Hitler übernahm die Macht. Innerhalb weniger Jahre wurden sechs Millionen Juden abgeschlachtet und die Welt durch den Zweiten Weltkrieg verwüstet.

Ich sage nicht, dass wir heute an dem gleichen Punkt sind, wie 1933. Aber ich will diejenigen warnen, die meinen, Römer 13 fordere eine absolute Unterordnung unter den Staat oder erlaube Widerstand nur dann, wenn man uns verbiete, von Jesus zu reden. Gebt Acht, dass ihr euch nicht einreiht in eine sehr unrühmliche Tradition des Missbrauchs von Römer 13! Hätten doch die Kirchen damals die Wahrheit gepredigt! Wer weiß, was vielleicht hätte verhindert werden können...

Aber wann ist denn Widerstand gegen den Staat das Recht oder sogar die Pflicht eines Christen?

– (2) WIDERSTAND GEGEN DEN STAAT –

Die meisten Christen sind sich darin einig, dass die Bibel und auch Römer 13 keine absolute Unterwerfung unter den Staat fordern, keinen absoluten Gehorsam. Unsere Unterwerfung unter den Staat ist zwar bedingungslos, aber nicht grenzenlos.

Das heißt, wir unterwerfen uns dem Staat nicht erst, wenn er unsere Bedingungen erfüllt; wir sagen also nicht: „Ich ordne mich dem Staat erst unter, wenn ein bibeltreuer Christ Kanzler ist." Nein, wir unterwerfen uns dem Staat auch dann, wenn er gottlos ist. Unsere Unterwerfung ist bedingungslos. Aber sie ist nicht grenzenlos. Es gibt Grenzen unserer Unterwerfung.

Und tatsächlich finden sich die Grenzen unserer Unterwerfung hier in Römer 13. Das mag manchen verwundern, denn auf den ersten Blick erscheint Römer 13 recht absolut: „Unterwirf dich, sonst widerstehst du Gott und wirst gerichtet!" Und viele Christen bleiben dabei stehen und schreiben uns Kommentare, wie wir gegen dieses klare Verbot verstoßen könnten. Oder sie erkennen, dass das nicht die ganze Wahrheit sein kann, und suchen Beispiele in der Schrift, wo sich Gläubige dem Staat widersetzt haben, um zu zeigen, dass man Römer 13 damit ein wenig korrigieren muss.

Wir werden uns auch gleich noch einige dieser Beispiele ansehen, aber zuerst ist es wichtig, dass wir erkennen, wie klar Paulus hier in Römer 13 die Grenzen der Unterwerfung zieht. Wir müssen gar nicht woanders hinschauen, hier steht es! Ich gebe zu, es ist nicht auf den ersten Blick ersichtlich. Deswegen mutmaßt John Piper zum Beispiel, dass Paulus extra so geschrieben habe, damit der Staat es nicht versteht, wenn er den Brief in die Hände bekommt. Wie dem auch sei, wir Christen können es jedenfalls verstehen, wenn wir uns den Text genauer anschauen.

Lasst uns also noch einmal in den Text schauen, ob wir diese Grenzen finden können: *1 Jede Seele unterwerfe sich* jeder staatlichen Macht? Nein! *Jede Seele unterwerfe sich den **übergeordneten** (staatlichen) Mächten!* Denen, die uns tatsächlich von Gott übergeordnet sind.

Denn es ist keine (staatliche) Macht außer von Gott, und die bestehenden sind von Gott verordnet. 2 Wer sich daher der (staatlichen) Macht widersetzt, widersteht der Anordnung Gottes; die aber widerstehen, werden ein Urteil empfangen. 3 Denn die Regenten sind nicht ein Schrecken für den, der alles tut, was sie sagen, sondern für den, der sich ihnen widersetzt? Nein! *3 Denn die Regenten sind nicht ein Schrecken für **das gute Werk**, sondern für **das böse**.*

Willst du dich aber vor der (staatlichen) Macht nicht fürchten, so tue immer alles, was sie sagt? Nein! *So tue **das Gute**, und du wirst Lob von ihr haben; 4 denn sie ist Gottes Dienerin, dir zum Guten.*

Wenn du aber nicht tust, was sie dir sagt, so fürchte dich? Nein! *Wenn du aber das **Böse** tust, so fürchte dich!*

Denn sie trägt das Schwert nicht umsonst, denn sie ist Gottes Dienerin, eine Rächerin zur Strafe für den, der nicht alles tut, was sie sagt? Nein! Für *den, der **Böses** tut.*

*5 Darum ist es notwendig, untertan zu sein, allein der Strafe wegen? Nein! Nicht allein der Strafe wegen, sondern auch **des Gewissens** wegen. Denn das Gewissen unterscheidet zwischen **gut** und **böse**.*

Merkt ihr, was Paulus hier tut? Siehst du, worum es hier im Kern geht? Es geht nicht darum, dass wir einfach alles tun sollen, was der Staat sagt. Es geht darum, dass wir das Gute tun und das Böse lassen!

Und das ist übrigens das Gleiche, was auch die anderen Schriftstellen im Neuen Testament zu diesem Thema zu sagen haben, z. B. Titus 3: *¹ Erinnere sie, (staatlichen) Gewalten (und) Mächten untertan zu sein, Gehorsam zu leisten, zu jedem **guten Werk** bereit zu sein.*

Oder 1. Petrus 2: *¹³ Ordnet euch aller menschlichen Einrichtung unter um des Herrn willen; sei es dem König als Oberherrn ¹⁴ oder den Statthaltern als denen, die von ihm gesandt werden zur Bestrafung **der Übeltäter**, aber zum Lob derer, **die Gutes tun**! ¹⁵ Denn so ist es der Wille Gottes, dass ihr **durch Gutestun** die Unwissenheit der unverständigen Menschen zum Schweigen bringt – ¹⁶ als Freie und nicht als solche, die die Freiheit als Deckmantel der **Bosheit** haben, sondern als Sklaven Gottes. ¹⁷ Erweist allen Ehre; liebt die Bruderschaft; fürchtet Gott; ehrt den König!*

Es geht nicht darum, einfach alles zu tun, was der Staat sagt, es geht darum, dass wir das Gute tun sollen und nicht das Böse.

Und wer entscheidet, was gut und böse ist? Der Staat? Alles, was der Staat lobt, ist gut? Nein, anders herum! Das, was gut ist, soll der Staat loben. Alles, was der Staat bestraft, ist böse? Nein, anders herum! Das, was böse ist, soll der Staat bestrafen. Und wer entscheidet nun, was gut und böse ist? Natürlich Gott; er allein und kein Staat!

Deshalb schreibt Paulus direkt weiter Römer 13 – es hilft manchmal sehr, weiterzulesen: *⁸ Seid niemand irgendetwas schuldig, als nur einander zu lieben! Denn wer den anderen liebt, hat das Gesetz erfüllt. ⁹ Denn das: „Du sollst nicht ehebrechen, du sollst nicht töten, du sollst nicht stehlen, du sollst nicht begehren", und wenn es ein anderes Gebot (gibt), ist in diesem Wort zusammengefasst: „Du sollst deinen Nächsten lieben wie dich selbst." ¹⁰ Die Liebe tut dem Nächsten nichts Böses. Die Erfüllung des Gesetzes ist also die Liebe.*

Seht ihr, was Paulus sofort macht? Er erklärt uns sofort, was gut und böse ist. Es ist das Gesetz Gottes, das das bestimmt – nicht das Gesetz des Staates. Der Staat soll uns schützen vor Ehebrechern und Mördern und Dieben und allen, die Gottes Gebote brechen und den Nächsten nicht lieben, sondern ihm Böses tun.

Und wenn der Staat seine gottgegebene Aufgabe erfüllt, wenn er wirklich als Dienerin Gottes handelt, dann handelt er in Übereinstimmung mit Gottes Gesetz und belohnt das, was gut ist nach Gottes Maßstab, und bestraft das, was böse ist nach Gottes Maßstab. Und dann können wir uns dem Staat ohne Schwierigkeiten und voller Freude unterwerfen. Denn das, was der Staat belohnt, und das, was Gottes Gesetz von uns fordert, ist deckungsgleich. Und das, was der Staat bestraft, und das, was Gottes Gesetz uns verbietet, ist deckungsgleich.

Seht ihr, so hat Gott sich das gedacht. Der Staat ist uns nicht zum Schrecken, sondern zum Guten, denn er belohnt uns für das, was Gott gebietet, dass wir es tun sollen, und bestraft uns für das, was Gott verbietet, dass wir es tun; und so handelt er als Rächer und Richter für Gott.

Aber wir alle wissen, dass es Regierende und Staaten gibt, die so gottlos sind, dass sie diese gottgegebene Aufgabe nicht mehr erfüllen. Dass sie nicht mehr das Gute belohnen und das Böse bestrafen, sondern dass sie das Böse gut nennen und das Gute böse; dass sie Finsternis zu Licht machen und Licht zu Finsternis; Bitteres zu Süßem und Süßes zu Bitterem; dass sie den belohnen, der das Böse tut, und den bestrafen, der das Gute tut.

Wir wissen das, Paulus wusste das, Gott weiß das, denn er hat unzählige Herrscher und Staaten gerichtet für all das Böse, das sie taten. Das hier ist also keine Beschreibung, wie jeder Staat immer ist. Das ist eine Beschreibung, wie der Staat sein soll. Der Staat kann davon abirren und es ins Gegenteil verkehren.

Wenn ein Staat so handelt, dann erfüllt er nicht mehr seine gottgegebene Aufgabe, sondern er handelt gegen Gott; dann gebraucht er nicht mehr die Macht, die Gott ihm verliehen hat, sondern er missbraucht sie; dann ist er nicht mehr eine Dienerin Gottes, sondern eine Dienerin Satans.

Und natürlich bleibt der Staat selbst als Dienerin Satans immer noch eine Dienerin Gottes, so wie der Satan selbst ein Diener Gottes ist, denn Gott gebraucht sie immer noch für seine Zwecke, aber nun zu ihrem eigenen Gericht und Verderben.

Tatsächlich kann kein Staat den Auftrag Gottes vollkommen von sich weisen. Wir alle leben in Gottes Welt, und wir können gegen Gottes Spielregeln nur bis zu einem gewissen Maß verstoßen. Ein Staat, der überhaupt nicht mehr das Böse straft, kann nicht bestehen, sondern wird schnell untergehen. Deshalb sind auch im größten Unrechtsregime Mord und Diebstahl weiterhin strafbar.

Und deshalb widersetzen wir uns als Christen einer staatlichen Macht auch nicht insgesamt. Wir sagen nicht: „Jetzt ist der Staat so böse geworden, dass ich ihm gar nicht mehr gehorche", sondern wir unterwerfen uns selbst einem Unrechtsstaat überall dort, wo er Gutes belohnt und Böses bestraft, und widersetzen uns ihm nur in solchen Dingen, wo das nicht mehr der Fall ist.

Und natürlich unterwerfen wir uns auch überall da, wo es neutral ist. Hier im Ort gilt mittlerweile fast überall Tempo 30. Das ist neutral für uns. Es ist nicht neutral, dass die Stadt das angeordnet hat, sondern es ist böse, denn die Stadt beschränkt damit die Freiheit ihrer Bürger aufgrund einer gottlosen Ideologie. Aber für uns ist es nicht böse, 30 km/h zu fahren, und daher halten wir uns daran. Es gibt Dinge, die für uns neutral sind. Selbstverständlich ordnen wir uns in diesen Dingen auch unter.

Ihr seht, es gibt kein Recht des Christen zum Widerstand, es gibt nur die Pflicht zum Widerstand. Entweder verlangt der Staat von uns etwas Gutes oder etwas Neutrales, dann sind wir verpflichtet, uns dem Staat zu unterwerfen, oder er verlangt von uns etwas Böses, dann sind wir verpflichtet, uns ihm zu widersetzen. Das ist dann kein Recht, sondern eine Pflicht.

Also, wann genau müssen wir uns dem Staat widersetzen? Aus dem bisher Gesagten können wir drei Kategorien ableiten. Wir widersetzen uns dem Staat: (1) Wenn der Staat etwas verbietet, was Gott gebietet; (2) wenn der Staat etwas gebietet, was Gott verbietet; und (3) wenn der Staat etwas gebietet, das zu gebieten er keinen von Gott verliehenen Auftrag besitzt – dieser Punkt ist etwas kritischer. Lasst uns diese drei Punkte kurz anschauen.

(1) Wir widersetzen uns, wenn der Staat etwas verbietet, was Gott gebietet.

Das bekannteste Beispiel hierfür im Neuen Testament findet sich wohl in Apostelgeschichte 5. Dort werden die Apostel vor den Hohen Rat gestellt, und der Hohe Priester klagt sie an, dass sie ihnen verboten hatten, in Jesu Namen zu lehren, sie es aber dennoch taten. Und daraufhin heißt es: *[29] Petrus und die Apostel aber antworteten und sprachen: Man muss Gott mehr gehorchen als Menschen.*

Gott gebietet uns, Jesus zu verkündigen. Wenn der Staat uns das verbietet, verbietet er etwas, was Gott gebietet; er bestraft etwas, was gut ist, und damit handelt er nicht als Gottes Dienerin und außerhalb der ihm von Gott verliehenen Autorität, und wir müssen Gott mehr gehorchen als Menschen und uns dem Staat widersetzen.

Ein weiteres Beispiel finden wir in Daniel 6. Dort lesen wir, dass der König Darius die Verordnung erlässt: *8 (…) dass jeder, der innerhalb von dreißig Tagen an irgendeinen Gott oder Menschen eine Bitte richtet außer an [den] König, in die Löwengrube geworfen werden soll.*

Wie reagiert Daniel auf dieses Gebot des Königs? Daniel 6: *11 Und als Daniel erfuhr, dass das Schriftstück ausgefertigt war, ging er in sein Haus. Er hatte aber in seinem Obergemach offene Fenster nach Jerusalem hin; und dreimal am Tag kniete er auf seine Knie nieder, betete und pries vor seinem Gott, wie er (es auch) vorher getan hatte. 12 Da stürzten jene Männer herbei und fanden Daniel betend und flehend vor seinem Gott.*

Daniel überlegt nicht lange. Gott gebietet ihm, ihn anzubeten; der König verbietet es. Daniel gehorcht Gott mehr als Menschen und widersetzt sich dem König; sofort und am offenen Fenster, sodass alle es mitbekommen können, und wird dafür in die Löwengrube geworfen.

Wurde Daniel wegen seines Glaubens verfolgt? Viele Christen müssten jetzt sagen: nein. Denn das Gesetz richtete sich nicht ausschließlich gegen Juden. Es betraf alle. Sogar Atheisten, denn man durfte nicht einmal von einem Menschen etwas erbitten. Und es war auch noch zeitlich begrenzt auf gerade einmal dreißig Tage. Seht ihr, wie töricht diese Argumentation ist? Natürlich wurde Daniel verfolgt, denn wegen seines Glaubens konnte er das Gesetz nicht befolgen und wurde deshalb vom Staat bestraft. Das ist Verfolgung: wenn der Staat dich bestraft wegen deines glaubensbedingten Ungehorsams. Es spielt überhaupt keine Rolle, ob auch noch andere betroffen sind.

Ich glaube nicht, dass sich alle Christen dem Staat so offen und provokativ widersetzen müssen, wie Daniel es tat. Ich glaube, man darf sich auch weniger auffällig widersetzen, man darf vor der Verfolgung fliehen. Aber einige Männer und Frauen sind dazu berufen, dies so offen zu tun und die Konsequenzen zu tragen.

(2) Wir widersetzen uns, wenn der Staat etwas gebietet, was Gott verbietet.

Ein Beispiel hierfür finden wir Daniel 3. Dort lesen wir, wie der König Nebukadnezar ein goldenes Standbild anfertigen lässt und alle Würdenträger seines Reiches zu dessen Einweihung einlädt. Und dann heißt es: *⁴ Und der Herold rief laut: Euch wird befohlen, ihr Völker, Nationen und Sprachen: ⁵ Sobald ihr den Klang des Horns, der Rohrpfeife, der Zither, der Harfe, der Laute, des Dudelsacks und alle Arten von Musik hört, sollt ihr niederfallen und euch vor dem goldenen Bild niederwerfen, das der König Nebukadnezar aufgestellt hat. ⁶ Wer aber nicht niederfällt und anbetet, der soll sofort in den brennenden Feuerofen geworfen werden.*

Und die drei Freunde von Daniel, Schadrach, Meschach und Abed-Nego, oder wie sie eigentlich hießen: Hananja, Mischaël und Asarja, gehorchen nicht. Das muss man sich mal vorstellen: Da werfen sich alle nieder, tausende von Leuten, und drei Männer bleiben stehen! Gott verbietet es, andere Götter oder Götterbilder anzubeten. Wenn der Staat uns das gebietet, gebietet er etwas, was Gott verbietet, und damit handelt er nicht als Gottes Dienerin und außerhalb der ihm von Gott verliehenen Autorität, und wir müssen Gott mehr gehorchen als Menschen und uns dem Staat widersetzen.

Wurden Schadrach, Meschach und Abed-Nego wegen ihres Glaubens verfolgt? Immerhin richtete sich das Gebot des Königs an alle Menschen. Die hatten alle ihre eigenen Götter und mussten sich alle niederwerfen. Natürlich ist das Verfolgung, weil sie diesem Gebot wegen ihres Glaubens nicht gehrochen konnten und deshalb bestraft wurden. Irgendwann müsste doch auch der Letzte mal verstehen, was Verfolgung ist! Es geht nicht darum, ob es nur dich betrifft. Wenn man so argumentiert, dann soll man bitte zu den Pastoren in China gehen, die im Gefängnis sitzen, und ihnen sagen: „Du bist übrigens nicht hier, weil du verfolgt wirst, denn da hinten sind ja auch ein paar Moslems." Das ist totaler Unsinn!

Noch ein Beispiel: die hebräischen Hebammen, Exodus 1: *¹⁵ Und der König von Ägypten sprach zu den hebräischen Hebammen, von denen die eine Schifra und die andere Pua hieß, ¹⁶ und sagte: Wenn ihr den Hebräerinnen bei der Geburt helft und bei der Entbindung seht, dass es ein Sohn ist, dann tötet ihn, wenn es aber eine Tochter ist, dann mag sie am Leben bleiben. ¹⁷ Aber weil die Hebammen Gott fürchteten, taten sie nicht, wie ihnen der König von Ägypten gesagt hatte, sondern ließen die Jungen am Leben.*

Der Pharao gebietet etwas Böses, und die Hebammen widersetzen sich. Und später lesen wir noch, dass sie den Pharao sogar belügen, ähnlich wie später auch Rahab die Staatsgewalt belog, um die israelitischen Späher zu schützen. Und sowohl die Hebammen als auch Rahab werden für ihren Widerstand gegen die Staatsmacht nicht getadelt, sondern für ihren Glauben und ihre Gottesfurcht gelobt und von Gott belohnt.

(3) Wir widersetzen uns, wenn der Staat etwas verbietet oder gebietet, das zu verbieten oder gebieten er keine von Gott verliehene Macht besitzt.

Wir unterwerfen uns nur den staatlichen Mächten, die uns tatsächlich übergeordnet sind, und nur insoweit, als sie uns tatsächlich übergeordnet sind. Dieser Punkt ist etwas schwieriger, und ich möchte ihn in zwei Unterpunkte aufteilen:

Zum einen widersetzen wir uns, wenn der Staat in Rechte eingreift, die uns von Natur aus als im Bilde Gottes geschaffenen Kreaturen zukommen.

Alle Menschen haben von Natur aus, von der Schöpfung her unveräußerliche Rechte, in die niemand, auch kein Staat, eingreifen darf: das Recht, zu arbeiten und sich und seine Familie zu versorgen; das Recht zu heiraten und diese Hochzeit auch zu feiern, nicht nur eine Unterschrift zu leisten auf einem Zettel; das Recht eine Familie zu haben und diese auch zu besuchen und in den Arm zu nehmen, als Vater bei der Geburt seines Kindes dabei sein zu dürfen oder als Tochter die Hand der sterbenden Mutter zu halten. Diese Dinge sind von Natur aus unser Recht, das uns niemand nehmen darf. Vielleicht kann man auch hinzufügen, unbehindert atmen zu dürfen und nicht irgendwelche Stofffetzen vor dem Mund tragen zu müssen. Wenn der Staat diese Dinge verbietet, die unsere natürlichen Rechte sind, handelt er satanisch, und wir müssen uns widersetzen.

Zum anderen widersetzen wir uns, wenn der Staat in einen Herrschaftsbereich hineinregiert, der nicht ihm, sondern einem anderen von Gott verordnet wurde.

Man unterscheidet dabei biblisch in mindestens drei von Gott verordnete Herrschaftsbereiche: die Familie, die Kirche und der Staat. Der Staat hat kein Recht, in die Belange eines dieser anderen Herrschaftsbereiche, der Familie oder der Kirche, einzugreifen. Er muss sich da komplett raushalten. Das heißt nicht, dass es keine Überschneidungen geben kann. Wenn der Vater seinen Sohn totschlägt, dann bestraft der Staat ihn, und der Vater kann nicht sagen, es handele sich dabei um eine Familienangelegenheit. Dies sind natürliche Überschneidungen.

In der Bibel haben wir die Beispiele von König Saul und König Usija, die beide Aufgaben übernehmen wollten, die nur den Priestern zustanden. Beide wurden für diesen Übergriff in den Herrschaftsbereich der Kirche von Gott gestraft.

Um das zu verdeutlichen, lasst mich ein Beispiel aus den Herrschaftsbereichen Familie und Kirche nehmen. Die Schrift gebietet den Christen in Hebräer 13: *[17] Gehorcht und fügt euch euren Führern!* Ihr habt mir zu gehorchen und euch mir zu fügen.

Wenn ich euch jetzt gebiete, dass ihr zuhause nur noch Hühnersuppe essen dürft, solltet ihr euch fügen und mir gehorchen? Immerhin ist es keine Sünde, Hühnersuppe zu essen. Vielleicht tue ich das sogar aus liebender Fürsorge um euch, weil ich überzeugt bin, dass Hühnersuppe super gesund ist.

Die Antwort ist offensichtlich: Nein, ihr dürftet mir nicht gehorchen! Weil ich etwas fordern würde, was ich nicht fordern darf, denn es liegt außerhalb meines Herrschaftsbereichs, außerhalb der Macht, die Gott mir verliehen hat. Wenn ich so etwas geböte, wäre ich ein Tyrann und kein treuer Diener Gottes.

Und wenn ein Vater von euch mir gehorchen würde, und es gäbe bei ihm zuhause nur noch Hühnersuppe, dann würde er sogar sündigen. Denn: (1) Er gibt den Verantwortungsbereich, den Gott ihm für sein Haus zugewiesen hat, an mich ab und handelte damit nachlässig und treulos. (2) Er liebt mich nicht, denn er ermahnt mich nicht durch Wort und Widerstand, dass ich nicht tyrannisch über die Gemeindeglieder herrschen darf, weil ich mir dadurch Gottes Gericht zuziehe. Und (3) er liebt auch seinen Nächsten nicht, seine Brüder und Schwestern, denn er unternimmt nichts, um sie vor meiner Tyrannei zu schützen.

Für das Verhältnis zwischen Staat und Kirche gilt aber das Gleiche. Aber Achtung: Dabei geht es nicht um Maßnahmen des Staates, die nur indirekt den Gottesdienst betreffen. Der Staat kann einer Kirche vorschreiben, dass in das Kirchengebäude ein neuer Notausgang einzubauen ist. Das mag vielleicht auch weitere Auswirkungen haben, vielleicht fallen dadurch fünf Sitzplätzte weg. Aber das ist nur eine indirekte Folge, das muss die Kirche hinnehmen.

Seht, deswegen sind die ständigen Einwände: „Aber das Baurecht!" unsinnig. Leute denken sich immer seltsamere Beispiele aus. Ich habe jetzt gelesen: „Was ist, wenn der Staat aufgrund politischer Streitigkeiten einen Einfuhrstopp für Wein verhängt und wir daher keinen Wein für das Herrenmahl mehr haben?" Nun, mit dieser Geschichte mag man vielleicht versuchen, uns zu verwirren, aber man ist selbst verwirrt. Denn das ist das Gleiche wie das Baurecht. Der Staat greift damit nicht direkt in den Gottesdienst ein. Er tut etwas, das indirekte Auswirkungen haben kann.

Aber der Staat darf keine Verordnungen erlassen, die direkt in den Gottesdienst eingreifen, weder in den Inhalt der Verkündigung noch in die äußere Ausgestaltung des Gottesdienstes. Der Staat hat dazu kein Recht. Denn denkt daran: Der Staat ist nicht allmächtig. Ich fürchte, viele Christen haben unbewusst diese säkulare Weltsicht übernommen, dass über dem Staat nichts mehr stehe und der Staat deshalb so ziemlich alles dürfe. Das ist nicht wahr! Über dem Staat steht Gott, der alleinige Machthaber. Und er hat nur einen Teil seiner Macht an den Staat delegiert, und diese Macht ist begrenzt.

Und wenn wir uns als Kirche den Übergriffen des Staates nicht widersetzen, sündigen wir, genauso wie der Vater sündigen würde, der sich meiner Hühnersuppendiät nicht widersetzt.

Wir Pastoren sündigen, denn Gott hat uns eingesetzt über die Belange der Kirche, über die Seelen unserer Schafe, und wir müssen Gott dafür Rechenschaft geben. Wenn wir zulassen, dass der Staat in unseren Verantwortungsbereich hineinregiert, handeln wir nachlässig und treulos.

Und wir alle sündigen, denn wir lieben und ehren den Staat nicht. Hinter dem Staat stehen ja Menschen, die irgendwann ihrem Schöpfer gegenübertreten werden und sich verantworten müssen für ihre Handlungen. Wir dürfen sie nicht einfach ins Verderben laufen lassen, sondern wir müssen ihnen durch unseren Widerstand zeigen, dass sie nicht als Tyrannen herrschen dürfen, da sie sich dadurch den Zorn Gottes aufhäufen.

Und schließlich lieben wir auch unseren Nächsten, unsere Brüder und Schwestern nicht, wenn wir einfach widerstandslos zulassen, dass der Staat uns unsere Freiheiten nimmt, für die unsere Brüder und Schwestern in vergangenen Jahrhunderten gekämpft und gelitten haben und gestorben sind.

Und wenn der Staat erst einmal gemerkt hat, wie widerstandslos er seinen Herrschaftsbereich ausdehnen kann, wieso sollte er nicht weitermachen? Unsere Kinder und Enkelkinder müssen dann unter unseren Versäumnissen leiden. Daher ist es lieblos, wenn wir nicht eifersüchtig über unsere Freiheiten wachen.

Man könnte jetzt noch Vieles dazu sagen, was das für unsere derzeitige Situation bedeutet, aber die Zeit reicht nicht, und es ist mir wichtiger, wir verstehen die Grundlagen, denn dann können wir diese auch auf wechselnde Situationen anwenden. Wer will, kann sich ergänzend noch einmal unsere Stellungnahme durchlesen, in der wir einige aktuelle Aspekte behandeln.

Also: Als Christen unterwerfen wir uns mit unserer Seele dem Staat, wann immer er das Gute von uns fordert. Aber wir widersetzen uns dem Staat auch immer, wenn er das Böse von uns fordert und sich als Tyrann gebiert. Denn dann widerstehen wir nicht der Anordnung Gottes, sondern wir bestätigen sie. Wie der schottische Reformator John Knox sagte: „Widerstand gegen Tyrannei ist Gehorsam gegenüber Gott."

Christlicher Widerstand ist immer gewaltfrei. Wir bitten, wir ermahnen, wir überführen, und wir verweigern den Gehorsam. Und unser Widerstand ist stets begleitet von Gebet für die Obrigkeit und stets respektvoll und mit Ehrerbietung. In Apostelgeschichte 23 lesen wir, dass der Hohe Priester Hananias befiehlt, Paulus auf den Mund zu schlagen. Und dann heißt es: *[3] Da sprach Paulus zu ihm: Gott wird dich schlagen, du getünchte Wand! Und du, sitzt du da, mich nach dem Gesetz zu richten, und, gegen das Gesetz handelnd, befiehlst du, mich zu schlagen? [4] Die Dabeistehenden aber sprachen: Schmähst du den Hohen Priester Gottes? [5] Und Paulus sprach: Ich wusste nicht, Brüder, dass es der Hohe Priester ist; denn es steht geschrieben: „Von dem Obersten deines Volkes sollst du nicht schlecht reden."*

Der Hohepriester wurde von Gott geschlagen, und er war eine getünchte Wand. Aber er war der Oberste des Volkes, und von dem spricht man nicht so. Ihr Lieben, das hat auch mich sehr gedemütigt. Wir müssen aufpassen, wie wir über unsere Obersten sprechen. Mögen sie noch so schlimm und gottlos sein, wir dürfen nicht respektlos von ihnen sprechen.

Seht ihr, wenn wir uns so dem Staat widersetzen, ist das dann nicht sogar ein Beweis unserer Unterordnung? Wenn ein Vater etwas Böses tun will, wenn er sein Haus in Brand stecken will mit seiner Frau und den beiden Töchtern darin, sollten seine Söhne ihm nicht in den Arm fallen und ihn davon abhalten? Wäre nicht gerade das ein Beweis ihrer Liebe und Unterordnung? Und wäre es nicht lieblos und rebellisch, den Vater gewähren zu lassen? Es ist Unterordnung, wenn wir dem Staat so widerstehen.

Eine besondere Pflicht zum Widerstand trifft die, welche selbst in untergeordneten staatlichen Positionen sind. Wenn unser Ministerpräsident erkennt, dass die Beschlüsse der Bund-Länder-Konferenz böse sind, darf er sie in seinem Land nicht umsetzen. Wenn die Mitarbeiterin einer Ordnungsbehörde erkennt, dass ihre Anweisungen böse sind, darf sie sie nicht umsetzen. Wenn ein Polizist erkennt, dass die Maßnahmen böse sind, darf er sie nicht durchsetzen. Er muss sagen: „Nein, ich löse diesen Gottesdienst nicht auf, ich verhänge dieses Bußgeld nicht, ich nehme diesen Pastor nicht mit auf die Wache." Es ist ihre Pflicht, sich zu widersetzen und die, die ihnen untergeordnet sind, zu schützen.

Selbst, wenn wir uns widersetzen, tun wir dies in einer Haltung der Unterwürfigkeit. Und das heißt auch, dass wir die Folgen unseres Widerstands bereitwillig tragen. Denn uns muss bewusst sein: Der Staat hat das Schwert, und er kann davon Gebrauch machen. Er kann den Polizisten, der sich widersetzt, entlassen, er kann uns mit Bußgeldern überziehen und uns wirtschaftlich ruinieren, er kann uns ins Gefängnis werfen, wie unseren Bruder Pastor James Coates, und er kann uns sogar töten. Wir brauchen uns nicht zu fürchten, denn dann handelt er nicht als Gottes Dienerin. Das ist nicht der Zorn Gottes, der über uns kommt. Aber der Staat kann es tun. Er hat das Schwert, und er kann es missbrauchen.

Aber unserem Herrn ist alle Macht gegeben im Himmel und auf Erden. Er kann das Urteil des Staates überschreiben. Er rettete Daniel aus der Löwengrube und die drei Freunde aus dem Feuerofen vor dem sicheren Tod als der Staat sie töten wollte. Er schützte und segnete die hebräischen Hebammen und Rahab. Aber häufig, wenn Christen sich dem Staat widersetzen, macht der Staat vom Schwert Gebrauch, und wir leiden.

Ich möchte noch ein Beispiel nennen. Die erste große Christenverfolgung in Rom kam, weil die Christen sich weigerten zu sagen: „caesar kyrios – Caesar, der Kaiser, ist Herr", und ein wenig Räucherwerk in eine Schale zu werfen. Auch das übrigens - betraf alle. Das richtete sich nicht nur gegen die Christen, alle mussten das tun. Aber die Christen widersetzten sich.

Wie einfach wäre es gewesen, zu sagen: „caesar kyrios, das kann ich doch sagen. Der Kaiser ist ja auch ein Herr, eben der Herr des Römischen Reiches. Aber in meinem Herzen weiß ich, Jesus ist der Herr." Wie einfach hätten die drei Freunde Daniels sagen können: „Dann beuge ich mich eben vor einem Götzenbild, aber dabei rufe ich in meinem Herzen den Herrn an, und er weiß doch, wie ich es wirklich meine."

Wir müssen aufpassen! Wir sollen nicht leichtfertig in Verfolgung laufen, aber wir müssen aufpassen, dass wir nicht den Zeitpunkt verpassen, an dem wir Widerstand leisten müssen. Die ersten Christen haben dafür auf Arten und Weisen gelitten, die man nicht nennen kann. Es ist unfassbar, was sie erlitten haben, und trotzdem haben sie nicht gesagt: „caesar kyrios." Ich weiß nicht, wie viele Christen heute noch so standhaft wären. Lasst uns schauen, dass wir wirklich feststehen!

Der Staat kann von dem Schwert Gebrauch machen. Der Apostel Jakobus wurde von König Herodes mit dem Schwert getötet, das wissen wir aus der Schrift. Und nach der kirchlichen Überlieferung wissen wir noch das Folgende:

Apostel Petrus wurde in Rom mit dem Kopf nach unten an einem X-förmigen Kreuz gekreuzigt. Matthäus wurde in Äthiopien mit dem Schwert getötet. Johannes wurde zur Zeit der Verfolgungen in Rom in einem Bad mit kochendem Öl gekocht. Er überlebte wie durch ein Wunder und wurde auf die Insel Patmos verbannt. Jakobus, Jesu Bruder, wurde von der südöstlichen Zinne des Tempels geworfen, als er sich weigerte, seinem Glauben an Christus abzusagen. Als festgestellt wurde, dass er den Sturz überlebt hatte, schlugen seine Feinde ihn mit einer Keule zu Tode. Bartholomäus war Missionar in Asien. Er bezeugte das Wort Gottes auf dem Gebiet der heutigen Türkei und wurde wegen seiner Predigten in Armenien gequält, gepeitscht und enthäutet. Andreas wurde an einem X-förmigen Kreuz in Griechenland gekreuzigt, nachdem er von Soldaten grausam gepeitscht worden war. Am Kreuz hängend predigte er noch zwei Tage lang zu seinen Peinigern, bis er starb. Der Apostel Thomas wurde während einer seiner Missionarsreisen nach Indien, wo er eine Kirche gründen wollte, mit einem Speer niedergestochen. Matthias, der Apostel, der ausgewählt wurde, um Judas Iskariot zu ersetzen, wurde gesteinigt und enthauptet. Der Apostel Paulus saß mehrmals im Gefängnis, wurde gefoltert und von Kaiser Nero in Rom im Jahr 67 enthauptet.

Wir können nicht mit Sicherheit sagen, ob jedes Detail hiervon stimmt, aber es ist klar, in welcher Tradition wir stehen. Und es ließen sich unzählige weitere Märtyrer aufzählen. Viele von ihnen widersetzten sich dem Staat und wurden dafür eingesperrt, gequält und getötet. Sie nahmen ihr Kreuz auf sich und folgten Jesus nach. Aber keiner dieser Märtyrer hat es bereut. Denn sie übergaben sich dem, der gerecht richtet. Mag der Staat uns auch ungerecht richten, Gott wird uns gerecht richten, und unser Lohn wird groß sein im Himmel.

Und so wollen auch wir freudig bereit sein, Verfolgung zu leiden, und nicht aufhören, das Gute zu tun. Wie wir lesen in Apgostelgeschichte 5: [40] *Und als sie die Apostel herbeigerufen hatten, schlugen sie sie und geboten ihnen, nicht im Namen Jesu zu reden, und entließen sie.* [41] *Sie nun gingen aus dem Hohen Rat fort, voller Freude, dass sie gewürdigt worden waren, für den Namen Schmach zu leiden;* [42] *und sie hörten nicht auf, jeden Tag im Tempel und in den Häusern zu lehren und Jesus als den Christus zu verkündigen.*

Du tust das Gute, du widersetzt dich dem Staat, der Staat bestraft dich, du freust dich und hörst nicht auf, das Gute zu tun. Du gehst sofort wieder in den Tempel, an den öffentlichsten Ort mit den meisten Menschen und du tust weiter, was der Staat dir verboten hat. Das ist christlicher Widerstand.

Lasst uns ermutigt sein durch die Worte unseres Herrn in Offenbarung 2: ¹⁰ *Fürchte dich nicht vor dem, was du leiden wirst! Siehe, der
Teufel wird einige von euch ins Gefängnis werfen, damit ihr geprüft werdet,
und ihr werdet Bedrängnis haben zehn Tage. Sei treu bis zum Tod! Und ich
werde dir den Siegeskranz des Lebens geben.*

DEM SELIGEN UND ALLEINIGEN MACHTHABER,
DEM KÖNIG DER KÖNIGE
UND HERRN DER HERREN,
SEI EHRE UND EWIGE MACHT!
AMEN.

JESUS IM MITTELPUNKT BEHALTEN – GERADE WEGEN CORONA

ERKLÄRUNG DER EVANGELISCH-REFORMIERTEN BAPTISTENGEMEINDE FRANKFURT

Biblische Widerlegung des Thesenpapiers
„Jesus im Mittelpunkt behalten – trotz Corona"

Mit dieser Stellungnahme wenden wir uns gegen das als biblischen Leitfaden und Argumentationshilfe gedachte Thesenpapier „Jesus im Mittelpunkt behalten – trotz Corona" von Michael Kotsch, Wilfried Plock, Matthias Swart, Marco Vedder u. a., welches in der aktuellen zweiten Fassung am 25. November 2020 erschien, uns aber erst kürzlich zur Kenntnis gelangte. Da das Thesenpapier eine Vielzahl theologischer Mängel aufweist, befürchten wir, dass dadurch biblische Wahrheiten verdunkelt und so die Gewissen mancher Christen betrübt werden, und sehen es deshalb als unsere Pflicht, den gravierendsten theologischen Fehleinschätzungen des Thesenpapiers eine biblische Sichtweise entgegenzusetzen. Zu den im Thesenpapier genannten Thesen stellen wir die folgenden Antithesen auf:

1. Es ist die heilige Pflicht der Gemeinde, das Unrecht im Staat zu benennen, die Sünden der Regierenden bloßzustellen und sie zur Umkehr von ihren bösen Werken aufzurufen.

2. Bestimmte staatlich verordnete Corona-Auflagen für die Gemeinden verstoßen gegen Gottes Gebote und verletzen die Gewissen vieler Christen, indem der Staat in unzulässiger Weise in den Herrschaftsbereich Christi über die Gemeinde eingreift.

3. Alle Christen sind daher aufgerufen, Gott mehr zu gehorchen als Menschen und sich dem Unrecht in gottesfürchtiger Weise zu widersetzen, auch wenn dies staatliche Verfolgung nach sich ziehen kann.

Im Folgenden werden wir diese Antithesen biblisch belegen.

I. Die heilige Pflicht der Gemeinde

Zurecht weisen die Unterzeichner des Thesenpapiers darauf hin (Ziff. 2), dass es sich bei Gemeinde und Staat um zwei getrennte Herrschaftsbereiche Gottes handelt. Jedoch verkennen sie den Umfang und die Grenzen dieser Herrschaftsbereiche. So sind sie offenbar der Auffassung, dass sich die Gemeinde aus der Politik, also den Angelegenheiten des Staates, weitgehend herauszuhalten habe. In dem Thesenpapier heißt es dazu, dass Älteste „keine Parteipolitik betreiben" sollten und dass ethisch falsche oder zweifelhafte Gesetze des Staates, die dem Christen aber die Möglichkeit lassen, richtig zu handeln, nicht bekämpft werden müssten; die Bibel erkläre es nirgendwo zu unserer Pflicht, die Regierung zu kontrollieren oder Widerstand gegen fragwürdige Entscheidungen zu leisten.

Dabei verkennen die Unterzeichner die heilige Pflicht der Gemeinde, das Wort Gottes allen Menschen zu verkündigen. Biblische Verkündigung bedeutet aber auch, Unrecht aufzuzeigen, von Sünde zu überführen und alle Menschen, auch die Regierenden, zur Umkehr von ihren bösen Werken und zum Gehorsam gegenüber Gottes Geboten aufzurufen. Als Christen dürfen wir nichts gemein haben mit den unfruchtbaren Werken der Finsternis, sondern müssen sie vielmehr bloßstellen (Eph 5,11). Die Waffe für diesen Kampf gegen Finsternis und Bosheit, das ist Gottes Wort, (Eph 6,17) hat der HERR Seiner Gemeinde nicht umsonst verliehen.

Von je her haben diejenigen, die das Wort Gottes verkündigten, diese heilige Pflicht erfüllt: Der Prophet Nathan konfrontierte König David wegen seines Ehebruchs mit Batseba und des Mordes an Uria; der Prophet Elia konfrontierte König Ahab wegen seines Götzendienstes und der Konfiszierung des Weinbergs des Nabot, und der Prophet Johannes der Täufer konfrontierte König Herodes nicht nur wegen dessen gesetzeswidriger Ehe, sondern wegen alles Bösen, das er getan hatte, um nur einige Beispiele zu nennen. Dem Propheten Jesaja gebietet der HERR: „Rufe aus voller Kehle, halte nicht zurück! Erhebe deine Stimme wie ein Horn und verkünde meinem Volk sein Vergehen und dem Haus Jakob seine Sünden!" (Jes 58,1). Auch heidnischen Nationen und Königen verkündigten die Propheten Gericht über ihre bösen Werke. So forderte Daniel den König Nebukadnezar auf: „Darum, König, lass dir meinen Rat gefallen und brich mit deinen Sünden durch Gerechtigkeit und mit deinen Vergehen durch Barmherzigkeit gegen Elende, wenn dein Wohlergehen von Dauer sein soll!" (Dan 4,24).

Heute ist es die Aufgabe der Gemeinde, hinzugehen und alle Nationen zu Jüngern zu machen, sie zu taufen und sie zu lehren, alles zu bewahren, was Christus uns geboten hat (Mt 28,19.20). Dazu gehört auch, den Menschen zu gebieten, dass sie alle überall Buße tun sollen (Apg 17,30). Dies schließt auch die Regierenden mit ein. So verkündigte der Apostel Paulus dem Statthalter Felix auch Gerechtigkeit, Enthaltsamkeit und das kommende Gericht (Apg 24,24.25).

Wenn der Apostel Paulus schreibt, dass der Staat eine Dienerin Gottes ist, die den, der Gutes tut, loben und den, der Böses tut, strafen soll, um damit Gottes Zorn auszuführen (Röm 13,3-6), dann ist es unerlässlich, auch den Staatsdienern zu verkündigen, was Gott, ihr Herr, dem sie dienen sollen, von ihnen erwartet und was in Seinen Augen gut und zu loben oder böse und zu strafen ist. Wer sollte aber den Regierenden den Willen Gottes in Bezug auf ihre Amtsausübung kundtun, wenn nicht die Gemeinde, der das Wort Gottes anvertraut ist, die Säule und Fundament der Wahrheit ist (1Tim 3,15)? Zudem haben wir das Gebot, die Regierenden zu ehren. Ist es etwa Ehrerbietung, wenn wir die Regierenden ins Verderben laufen lassen, ohne sie davor zu warnen, dass sie sich durch ihre treulose Amtsführung den Zorn Gottes aufhäufen?

Daher ist es der Gemeinde nicht nur erlaubt, sondern es ist ihre heilige Pflicht, Unrecht und Bosheit vonseiten der Regierenden als Sünde bloßzustellen und sie – mit der nötigen Ehrerbietung (Apg 23,3-5) – zur Umkehr aufzurufen, wenn sie ihrer Aufgabe als Gottes Dienerin nicht gerecht werden, sondern sich gegen Gott auflehnen, indem sie etwa – um ein Beispiel des Thesenpapiers aufzugreifen – die sogenannte „Ehe" für alle beschließen. Hierzu darf die Gemeinde nicht schweigen!

Die Ansicht der Unterzeichner, ethisch falsche oder zweifelhafte Gesetze, die dem Christen aber die Möglichkeit lassen, richtig zu handeln, müssten nicht bekämpft werden, wirkt auf uns zudem naiv. Die Unterzeichner nennen doch selbst das Beispiel der „Ehe" für alle. Erkennen sie denn nicht, welcher Geist hinter so einem Gesetz steht, und dass dieser sich nicht mit der „Ehe" für alle begnügt? Haben sie nicht gehört, wozu diese Entwicklungen in anderen Ländern bereits geführt haben, wenn dort unsere Brüder und Schwestern strafrechtlich verfolgt werden, bspw., weil sich ein christlicher Bäcker weigert, einen Kuchen für eine solche „Hochzeit" zu backen, oder sich eine christliche Standesbeamtin weigert, Trauscheine für solche „Ehen" auszustellen? Viele weitere Beispiele ließen sich aufführen.

Gegen Unrecht die Stimme zu erheben, hat daher nichts mit Parteiwerbung zu tun, sondern mit Gottesfurcht und Nächstenliebe. Heißt es nicht: Wehret den Anfängen? Letztlich müssen wir uns die Frage stellen, ob die derzeitigen Umstände und die überhandnehmende Gesetzlosigkeit in der Politik nicht auch deshalb über uns kommen, weil die Gemeinden zu lange zu der Gottlosigkeit und den Gräueln des Staates geschwiegen haben.

II. Das gegenwärtige Unrecht

Der Grund, weshalb die Unterzeichner des Thesenpapiers dazu aufrufen, sich dem gegenwärtigen Unrecht nicht zu widersetzen, liegt darin, dass sie das Unrecht nicht oder jedenfalls nicht in seinem vollen Ausmaß erkennen.

Die Unterzeichner sind nämlich der Auffassung, dass bestimmte staatliche Corona-Auflagen für die Gemeinden von diesen zu beachten seien, und begründen dies auf zwei Weisen: Zum einen falle der Erlass solcher Maßnahmen in den Herrschaftsbereich des Staates, zum anderen stünden die Maßnahmen Gottes Geboten nicht entgegen. Beide Begründungen sind fehlerhaft.

Die Unterzeichner behaupten zum einen (Ziff. 3), dass die alleinige Grenze für den Gehorsam gegenüber der Regierung der „direkte Konflikt" mit einer „klaren Forderung" des Wortes Gottes sei. Beim Widerstand gegen den Staat gehe es „primär um unveräußerliche Glaubensinhalte". Die Unterzeichner kommen daher zu dem Ergebnis, dass es sich bei den Corona-Auflagen für die Gemeinden (z. B. Maske, Abstand, Teilnehmerzahlen) um untergeordnete Fragen handele; solche „zeitlich begrenzten Verordnungen zu äußeren Bedingungen und Formen der Gemeindeveranstaltungen" verstießen nicht grundsätzlich gegen biblische Gebote. Auch wenn es sich um ein Thesenpapier handelt, ist es doch sehr verwunderlich, dass die Unterzeichner nicht einmal ansatzweise versuchen, diese alles entscheidende These biblisch zu belegen.

Leider bleibt unklar, was genau die Unterzeichner mit den vielen vagen Begriffen, die sich jedenfalls nicht in der Bibel finden, meinen. Darf man etwa „indirekt" gegen Gottes Wort verstoßen? Welche Forderungen des Wortes Gottes sind „unklar" und müssen deshalb nicht befolgt werden? Und welche Glaubensinhalte betrachten die Unterzeichner als „veräußerlich"? Wir möchten jedenfalls festhalten, dass es für uns keine veräußerlichen Glaubensinhalte gibt, und würden erwarten, dass jeder bibeltreue Christ dem zustimmt.

Uns ist auch unverständlich, wie man die geistliche Dimension der Maßnahmen nicht erkennen und sie als bloße Äußerlichkeiten abtun kann. Sehen die Unterzeichner denn nicht, dass die großen Gewissensnöte vieler gottesfürchtiger Christen und die „erheblichen Spannungen in den Gemeinden" eben nicht einfach durch „zeitlich begrenzte" (teilweise bereits ein Jahr andauernde!) Eingriffe in die „äußeren Bedingungen und Formen der Gemeindeveranstaltungen" verursacht werden? Diese Gewissensnöte entstehen vielmehr dadurch, dass die Maßnahmen sehr wohl in Konflikt zu Gottes Geboten stehen. Dass die Unterzeichner dies nicht erkennen, liegt an ihrer Fehleinschätzung, es handele sich nicht um einen Konflikt mit einer „klaren Forderung" des Wortes Gottes. Was sie wohl tatsächlich hiermit meinen, ist ein Verstoß gegen ein „ausdrückliches" Gebot. Sofern die Schrift also nicht das explizite Gebot enthalte „Du sollst am Sonntag persönlich vor Ort mit der ganzen versammelten Gemeinde Gottesdienst feiern, ohne Maske und ohne Abstand", bestehe keine „klare Forderung" des Wortes Gottes.

Eine solche Herangehensweise an das Wort Gottes ist unverständig. Denn nicht nur explizite, sondern auch implizite Forderungen des Wortes Gottes sind für Christen bindend. Lehrt uns dies nicht unser Herr selbst, wenn er erläutert, dass das explizite Gebot „Du sollst nicht töten" auch das implizite Gebot beinhaltet „Du sollst deinem Bruder nicht zürnen" (Mt 5,21.22) oder das explizite Gebot „Du sollst nicht ehebrechen" auch das implizite Gebot „Du sollst eine Frau nicht ansehen, sie zu begehren" (Mt 5,27.28)?

Die Auffassung der Unterzeichner, Begrenzungen der Teilnehmerzahl verstießen nicht gegen biblische Gebote, offenbart ein mangelhaftes Verständnis von Gemeinde. Die Gemeinde ist der Leib Christi, und jedes Mitglied der Gemeinde ist ein Glied an diesem Leib. Die Versammlung zum Gottesdienst ist die Versammlung des ganzen Leibes, nicht nur einiger Körperteile. Die Schrift enthält ausdrückliche Gebote, die Zusammenkommen nicht zu versäumen (Hebr 10,25). (Ein Livestream ist kein Zusammenkommen und keine Versammlung.) Es ist kaum abzuschätzen, welche geistlichen Schäden Gemeinden bereits erlitten haben und noch erleiden werden, die sich mittlerweile seit einem Jahr nicht mehr als ganze Gemeinde versammeln und auch nicht mehr gemeinsam das Herrenmahl feiern, das doch zur Stärkung des ganzen Leibes Christi dienen soll.

Zudem beeinträchtigen Teilnehmerzahlbegrenzungen die Verkündigung des Wortes. Denn es ist nicht nur eine Beeinträchtigung, wenn der Inhalt der Verkündigung eingeschränkt wird, sondern auch wenn die Anzahl der möglichen Hörer eingeschränkt wird. Und sind Teilnehmerzahlbegrenzungen nicht eine Lieblosigkeit gegenüber denen, für die kein Platz mehr ist und die daher zuhause bleiben müssen? Wie kann der Staat sich anmaßen, zu bestimmen, wie viele Menschen sich versammeln dürfen, um Gott, den Schöpfer des Himmels und der Erde, anzubeten? Ist dies wirklich eine „untergeordnete" Frage?

Keine untergeordnete Frage ist dies jedenfalls für James Coates, Pastor der GraceLife Church in Edmonton, Kanada. Pastor Coates hat verstanden, dass die geltenden Teilnehmerzahlbegrenzungen sehr wohl gegen Gottes Gebote verstoßen, und hielt trotz Drohungen der Behörden Gottesdienste mit der ganzen Gemeinde. Für seine mutige Treue zum Herrn sitzt der Familienvater nun im Gefängnis. Als der Satan ihn dort versuchte und man ihm anbot, er könne sofort freikommen, wenn er nur verspreche, sich an die Corona-Auflagen zu halten, lehnte er ab. Seine Frau hat verstanden, dass ihr Mann dies aus Liebe zu seinem Herrn tut, und kommentierte die Entscheidung ihres Mannes, im Gefängnis zu bleiben, mit den Worten: „Dafür liebe ich ihn." Der HERR belohne unseren Bruder James Coates und seine Familie! Wenn die Unterzeichner des Thesenpapiers konsequent sind, müssen sie vertreten, dass der Staat zurecht gegen Pastor Coates vorgehe, weil er schuldig sei, sich in sündhafter Weise dem Staat widersetzt zu haben, obwohl dessen Maßnahmen nicht gegen biblische Gebote verstießen. Wollen die Unterzeichner diesen Weg wirklich gehen?

Erstaunlich ist, dass die Unterzeichner nicht auf das staatliche Verbot von Gemeindegesang eingehen, welches auch zum Zeitpunkt der Veröffentlichung des Thesenpapiers in einigen Bundesländern bereits seit mehr als einem halben Jahr galt. Passt dieses Verbot etwa nicht zur Stoßrichtung des Thesenpapiers, weil hier offensichtlich nicht geleugnet werden kann, dass die Schrift voll ist von „klaren" Forderungen betreffend das Singen (vgl. nur Ps 47,7)? Wäre nach Sicht der Unterzeichner hier Widerstand geboten? Denn welche Autorität hat der Staat, dem HERRN Seinen Ruhm in Seinen Lobgesängen zu verwehren? Das Singen gehört zum unverzichtbaren Bestandteil der biblischen Anbetung.

Aber auch die Maskenpflicht und die Abstandsregeln für den Gottesdienst können die Gewissen der Christen verletzen. Denn sind wir nicht aufgefordert, einander Bruderliebe auszudrücken und einander zu grüßen mit heiligem Kuss (Röm 16,16; 1Kor 16,20; 2Kor 13,12; 1Thess 5,26; 1Petr 5,14)? Selbstverständlich kann man eine Zeit lang Abstand halten, wenn man krank ist, um niemanden anzustecken. Aber staatlich verordnete maskierte Distanz über Monate und womöglich Jahre hinweg? Es ist uns ein Rätsel, wie man nicht erkennen kann, dass dies beträchtlichen geistlichen und seelischen Schaden nach sich zieht. Die Unterzeichner schreiben doch selbst, dass sie mit großen seelsorgerlichen Aufgaben konfrontiert sind. Wir können dies gut nachvollziehen, denn wir haben mit denen geweint, die unter der Einsamkeit und Entfremdung leiden oder die verzweifeln, weil ihre Gemeinde sich seit einem Jahr nur mit Abstand und Maske versammelt oder gar nicht mehr. Verstößt dies nicht gegen das Gebot, einander zu lieben und sich herzlich einander zu erbarmen?

Und was, wenn jemandes Gewissen verletzt ist, wenn er seinem Gott und seinen Geschwistern monate- und vielleicht jahrelang nur maskiert begegnen soll – eigentlich etwas, was in uns naturgemäß Misstrauen, Unbehagen und Ängste auslöst? Was, wenn er es als lieblos erachtet, seinen Geschwistern durch Abstand und Maske den Eindruck zu vermitteln, er hielte sie für eine Gefahr für Leib und Leben, vor der er sich schützen müsse? Was, wenn seine Gottesfurcht es ihm verbietet, seinen Herrn mit verdecktem Gesicht anzubeten? Sind dies keine nachvollziehbaren Gründe, weshalb ein Christ durch sein Gewissen gezwungen sein kann, sich diesen Maßnahmen zu widersetzen? Wäre es ihm nicht Sünde, wenn er sich gleichwohl an diese Maßnahmen hielte? Daher ist es Unrecht, wenn Pastoren die Einhaltung solcher Menschengebote zur Bedingung für die Teilnahme an der gottesdienstlichen Anbetung machen und dadurch über die Gewissen ihrer Schafe herrschen.

Die Unterzeichner behaupten zum anderen (Ziff. 2), dass die staatlichen Ordnungen auch für die Gemeinde gelten und der Herrschaftsbereich des Staates erst dort ende, wo es um die Auslegung der Bibel oder die geistlichen und ethischen Bereiche des Gemeindelebens gehe; in allen „äußeren" Aspekten müssten sich die Gemeinden staatlichen Regeln beugen; das Thesenpapier nennt einige Beispiele hierfür (Bau, Arbeitsrecht, Sicherheit, Finanzrecht, Strafrecht).

Wie bereits oben dargelegt, ist es für uns nicht nachvollziehbar, wie die Unterzeichner die geistliche und ethische Dimension der Corona-Auflagen nicht erkennen und der Auffassung sein können, es handele sich bei diesen schlicht um äußere Aspekte, vergleichbar etwa dem Baurecht. Uns ist jedenfalls nicht bekannt, dass Christen jemals wegen staatlicher Vorgaben zur Errichtung eines Notausgangs oder Aufhängen eines Feuerlöschers in Gewissenskonflikte gerieten. Der Grund hierfür ist, dass die im Thesenpapier richtigerweise genannten Beispiele gerade nicht unmittelbar die Umstände des Gottesdienstes betreffen, denn in solchen Dingen hat der Staat keine gottverliehene Autorität. Anderenfalls könnte der Staat viel zu leicht die Ausübung des Glaubens behindern, indem er bspw. die Teilnehmerzahl für Gottesdienste dauerhaft auf zehn Personen beschränkt. Dann handelte der Staat aber nicht innerhalb seines Herrschaftsbereichs, sondern als Tyrann. Dem gilt es zu wehren!

Wenn der Staat erst einmal in den Herrschaftsbereich der Gemeinde eingedrungen ist, wie wollen wir wissen, ob er seinen Herrschaftsbereich nicht Schritt für Schritt immer weiter ausdehnen und den Gemeinden immer mehr Vorgaben machen wird? Wir sind besorgt darüber, wie bereitwillig Gemeinden ihre Freiheiten aufgeben, für deren Erstreitung unsere Brüder und Schwestern in vergangenen Jahrhunderten gekämpft, gelitten und teilweise ihr Leben gelassen haben. Es ist gerade ein Ausdruck von Nächstenliebe und Liebe zu unseren Kindern und Enkelkindern, dass wir eifersüchtig über die Freiheiten der Gemeinde und unseres Nächsten wachen.

Besonders erstaunt es uns, dass einige Christen sogar meinen, dem Staat dankbar sein zu müssen, dass er überhaupt wieder Gottesdienste „erlaube". In einem Leserkommentar zum Thesenpapier heißt es etwa: „Volle Zustimmung! Der Staat gönnt zudem der Kirche (…) auch in den aktuellen Maßnahmen viele Privilegien (…)." Solche Aussagen offenbaren ein grundlegend falsches Verständnis von Staat, welches zwar so im Thesenpapier nicht ausdrücklich vertreten, aber dadurch doch gefördert wird. Nicht der Staat ist es, der es uns gnädigerweise unter vielen Einschränkungen gönnt, Gottesdienst zu feiern, sondern dies ist unser gottgegebenes Recht. Der Staat ist als Gottes Dienerin verpflichtet, die ungestörte Ausübung dieses Rechts zu gewährleisten. Wir sollten nicht dem Staat danken, dass er uns Gottesdienste „erlaubt", sondern der Staat sollte sich fürchten, in die Anbetung Gottes einzugreifen. Unser Dank gebührt allein Gott, dass er unseren Staat noch zurückhält, sodass dieser die Gemeinde nicht so verfolgen kann, wie es anderenorts geschieht.

Nun könnte man aber einwenden, dass Christen bei gegenwärtiger Gefahr für Leib und Leben sehr wohl bestimmte Aspekte des Gottesdienstes modifizieren können, um sich und andere zu schützen. Die Corona-Maßnahmen müssen daher auch vor dem Hintergrund der tatsächlichen epidemiologischen Situation bewertet, und es muss die Frage beantwortet werden, ob derzeit ein Gottesdienstbesuch ohne Gesangsverbot, Teilnehmerzahlbegrenzung, Abstand und Maske eine konkrete und gegenwärtige Gefahr für Leib und Leben der Gottesdienstbesucher darstellt.

Die Unterzeichner behaupten diesbezüglich (Ziff. 4), die Lage sei unübersichtlich. Daher dürften Christen entscheiden, welchen Medizinern oder Politikern sie Vertrauen schenken, und sollten eine Haltung der Demut und Korrekturbereitschaft an den Tag legen; missionarischer Eifer sei hier unangebracht.

Wir glauben nicht, dass durch diese Einschätzung die Wahrheit geehrt wird. Von einer Unübersichtlichkeit der Lage konnte man vielleicht in den ersten Wochen sprechen. Wir verstehen auch, wenn die Lage auf einzelne Christen unübersichtlich wirken mag, gerade wenn man sich dem Einfluss gewisser Medien oder gottloser Mitmenschen aussetzt und in der Gemeinde keinen Gegenpol hierzu findet. Aber von einer objektiven Unübersichtlichkeit der Lage kann schon lange keine Rede mehr sein. Es ist die Aufgabe der Pastoren, sich umfassend zu informieren und auf Grundlage der erlangten Erkenntnisse die Lage zu beurteilen, um ihre Schafe recht zu führen. Unwissenheit ist keine tugendhafte Demut, sondern Torheit.

Zum Zeitpunkt der Veröffentlichung des Thesenpapiers lagen zahlreiche wissenschaftliche Studien, Zahlen und Fakten aus aller Welt vor, die eine sehr realistische Einschätzung sowohl der Gefährlichkeit des Coronavirus' als auch der Wirksamkeit und Angemessenheit der staatlichen

Maßnahmen ermöglichten. Unabhängig davon aber, wie man die Lage einschätzt, muss bei Entscheidungen über Maßnahmen, insbesondere solchen in Bezug auf den Gottesdienst, stets eine Abwägung erfolgen zwischen den Risiken für Leib und Leben und den Risiken für Geist und Seele. Zu einer solchen Abwägung ist der Staat aber nicht qualifiziert, da er die geistlichen Belange nicht verstehen und beurteilen kann, und dies desto weniger je gottloser der Staat wird. Die Pastoren müssen sich vergegenwärtigen, dass sie über die Seelen ihrer Schafe wachen sollen als solche, die Rechenschaft geben werden (Hebr 13,17).

Unverständlich ist für uns in diesem Zusammenhang die Aussage des Thesenpapiers, dass Christen entscheiden dürften, welchen Politikern sie „Vertrauen schenken". Sollten Christen gottlosen Politikern wirklich vertrauen und nicht vielmehr deren Aussagen kritisch prüfen, ob sie auch der Wahrheit entsprechen, insbesondere wenn es um Fragen von so großer ethischer und geistlicher Tragweite geht? Haben die Unterzeichner nicht verstanden, dass das Denken und Handeln eines jeden Menschen geprägt ist von geistlichen Einflüssen, entweder vom Geist der Wahrheit oder vom Geist des Irrtums (1Joh 4,6)? Dass man entweder mit Christus ist oder gegen ihn (Mt 12,30; Lk 11,23)? Dass es in dieser Welt nur zwei Arten von Menschen gibt: Gläubige und Ungläubige (2Kor 6,15), Licht und Finsternis (2Kor 6,14), die Kinder Gottes und die Kinder des Teufels (1Joh 3,10)?

Haben die Unterzeichner nicht gelesen, wie unser Herr spricht, dass die Kinder des Teufels die Begierden ihres Vaters tun wollen, der ein Menschenmörder und der Vater der Lüge ist (Joh 8,44)? Trifft das nicht auf Politiker zu, welche die Tötung von jährlich 100.000 ungeboren Kindern in unserem Land für Recht erklären und als „reproduktive Gesundheit/Gerechtigkeit" bezeichnen und die Wahrheit über die Natur von Ehe, Familie, Geschlecht, Sexualität, ja, die ihren Schöpfer selbst verleugnen?

Gott hat dem Staat die Aufgabe verliehen, als Seine Dienerin den, der Gutes tut, zu loben, und den, der Böses tut, zu strafen (Röm 13,3-6). Ist es nicht offenkundig, dass der Staat diese Aufgabe immer weniger erfüllt und sich diese Entwicklung gerade in den letzten Monaten drastisch beschleunigt hat? Dass der Staat immer mehr das Böse gut nennt und das Gute böse (Jes 5,20)? So wurde am selben Tag, an dem die aktuelle Fassung des Thesenpapiers erschien, am 25. November 2020, unser Bruder Pastor Olaf Latzel vom Staat wegen Volksverhetzung verurteilt, weil er biblische Wahrheiten verkündigt hatte. Ist die Rebellion unseres Staates und seiner Staatsdiener gegen Gottes Wahrheit nicht offensichtlich?

Zeigt sich nicht auch in der gegenwärtigen Krise, dass die Regierenden sich nicht scheuen, Maßnahmen zu beschließen, die offenkundig böse sind, wenn sie uns sogar solche Rechte nehmen, die allen Menschen von Natur aus als im Bilde Gottes geschaffenen Kreaturen zukommen? Wenn sie etwa unzähligen Menschen über Monate hinweg verbieten, ihrer Arbeit nachzugehen, obwohl Gott gebietet, dass der Mensch arbeiten und seine Familie versorgen soll? Wenn Menschen bestraft werden, weil sie Familienmitglieder besuchen und in den Arm nehmen, ihre Hochzeit feiern oder von einem geliebten Menschen bei seiner Beerdigung Abschied nehmen? Wenn ein Vater nicht bei der Geburt seines Kindes dabei sein oder eine Tochter nicht die Hand ihrer sterbenden Mutter halten darf? Viele weitere Beispiele ließen sich nennen. Gerade wenn Politiker behaupten, dies alles sei zu unserem Schutz notwendig, sollten wir an die Worte unseres Herrn denken: „Die Könige der Nationen herrschen über sie, und die Gewalt über sie üben, lassen sich Wohltäter nennen." (Lk 22,25).

Uns wundert daher, dass einige der Initiatoren des Thesenpapiers weniger den Staat kritisieren als vielmehr treue Brüder im Herrn und dabei eben jenen „missionarischen Eifer" an den Tag legen, vor dem sie in dem Thesenpapier doch gerade warnen. So haben sie es als ihre Aufgabe gesehen, John MacArthur, Pastor der Grace Community Church in Los Angeles, USA, für dessen wohl überlegte Entscheidung, entgegen den Verordnungen des Staates Kalifornien und unter Androhung von Gefängnis wieder Gottesdienste mit der gesamten Gemeinde zu feiern, wiederholt öffentlich zu tadeln und ihm teilweise böse Motive zu unterstellen. Namentlich Mitinitiator Michael Kotsch unterstellte John MacArthur unlautere Beweggründe, indem er in einem Video auf seinem YouTube-Kanal behauptete, John MacArthur ginge es „möglicherweise (...) weit weniger um die Anordnungen Jesu, als um das Geschäftsmodell der Grace Community Church", und hinzufügte, dass John MacArthur auch schon in der Vergangenheit „deutliche biblische Aussagen uminterpretiert" habe, „weil sie nicht zu den Interessen seiner Gemeindearbeit passten". Da wir nicht davon ausgehen, dass Herr Kotsch die Gabe besitzt, die Gedanken und Gesinnungen des Herzens von John MacArthur zu ergründen, weisen wir ihn für diese öffentlich begangene Sünde der üblen Nachrede hiermit auch öffentlich zurecht: „Wer bist du, der du den Hausknecht eines anderen richtest?" (Röm 14,4).

Zuletzt: Wie sollen wir nun mit den ängstlichen Geschwistern umgehen, denen man laut dem Thesenpapier (Ziff. 6) in der Corona-Zeit ganz besonders entgegenkommen solle? Sollte man aus Liebe und Rücksicht auf solche die Maßnahmen vielleicht doch einhalten?

Die Unterzeichner schreiben selbst (Ziff. 1), dass Menschen letztlich nicht an einer Krankheit oder einem Unfall sterben, sondern am Willen bzw. an der Zulassung Gottes. Die Bibel lehrt uns sogar, dass der HERR von Anfang an bestimmt hat, an welchem Tag wir sterben werden (Ps 139,16).

Und unser Herr stellt die rhetorische Frage: „Wer aber unter euch kann mit Sorgen seiner Lebenslänge eine Elle zusetzen?" (Mt 6,27; Lk 12,25). Ermahnt unser Herr uns nicht immer wieder, uns nicht zu fürchten, auch nicht vor dem Tod? Ist Sterben nicht unser Gewinn, und sollten wir nicht Lust haben, abzuscheiden und bei Christus zu sein (Phil 1,21.23)? Hat Christus uns nicht alle befreit, die wir durch Todesfurcht das ganze Leben hindurch der Knechtschaft unterworfen waren (Hebr 2,15)?

Selbstverständlich kann ein Christ Angst vor Krankheit oder Tod haben, und wir sollen den Herrn, unseren Gott, nicht leichtsinnig versuchen. Aber wir dürfen nicht in einem Zustand stetiger Furcht leben und aus Sorge um unser Leben das Wohlergehen unserer Seele vernachlässigen. Wie kommen wir also ängstlichen Geschwistern in rechter Weise entgegen? Wie lieben wir sie als Brüder? Indem wir sie in ihrer Angst, die letztlich Ausdruck ihres Kleinglaubens ist, belassen und sie darin bestätigen? Oder indem wir ihnen helfen, ihre Angst durch die Wahrheit und den Glauben zu überwinden?

III. Der Aufruf zur Treue

Die Unterzeichner sollten sich prüfen, ob ihre theologische Weltsicht tatsächlich allein von der Bibel bestimmt ist oder nicht eher von weltlichem, säkularem Denken und Pragmatismus, damit sie nicht die Verfolgung durch den Staat auf sich ziehen. Aber schreibt nicht der Apostel Paulus: „Alle aber auch, die gottesfürchtig leben wollen in Christus Jesus, werden verfolgt werden?" (2Tim 3,12). Wenn wir uns dem Staat stets unterordnen und einen Kompromiss nach dem anderen eingehen, werden wir wohl der Verfolgung entgehen, aber unser Zeugnis für Christus Jesus wird leiden. Insbesondere ermahnen wir diejenigen, die sich in ungebührlicher Weise über solche Christen erheben, die durch Gottes Wort und ihr Gewissen überführt sind, sich dem Staat widersetzen zu müssen, und dafür Verfolgung leiden. Wir stellen hiermit klar, dass wir diesbezüglich fest an der Seite unserer geliebten Brüder John MacArthur und James Coates stehen und all derer, die wegen ihrer Gottesfurcht verfolgt werden. Wir ermahnen die Unterzeichner eindringlich, sich gut zu überlegen, auf welcher Seite sie stehen wollen.

Wir ermutigen alle Christen, sich nicht einfangen zu lassen von dem Wahn, welcher die ganze Welt ergriffen hat und die Menschen in steter Todesfurcht knechtet, sondern mutig ihre Hoffnung auf Christus zu setzen, der das Leben ist. Lasst uns ein Zeugnis sein in dieser dunklen Zeit, indem wir die Wahrheit lieben und uns in herzlicher Bruderliebe begegnen! Lasst uns unser ganzes Denken reformieren durch das Wort Gottes, damit wir eine biblische Weltsicht erlangen, indem wir jeden Gedanken gefangen nehmen unter den Gehorsam Christi (2Kor 10,5)! „Und seid nicht gleichförmig dieser Welt, sondern werdet verwandelt durch die Erneuerung des Sinnes, dass ihr prüft, was der Wille Gottes ist: das Gute und Wohlgefällige und Vollkommene." (Röm 12,2). Lasst uns beten für die, welche Bedrängnis oder Verfolgung leiden um des Wortes willen, damit sie ausharren bis ans Ende! Jeder Christ schaue, wie er solchen beistehen kann durch Briefe, Spenden oder Schreiben an die zuständigen Politiker!

Schließlich fordern wir alle Pastoren auf, ihre heilige Pflicht zu erfüllen und mutig gegen das Unrecht und die Sünden der Regierenden zu predigen und diese auch mündlich oder schriftlich respektvoll zur Umkehr aufzufordern! Wir ermahnen die Pastoren und die Gemeinden, nicht länger Gott die Ehre vorzuenthalten und die Gewissen der Christen durch Menschengebote zu beschweren, sondern wieder Gottesdienste zu feiern, und zwar so, wie Gott es gebietet: mit der versammelten Gemeinde, in biblisch gebotener brüderlicher Begegnung und mit freudigem Lobgesang zur Ehre des HERRN!

Gebt dem Kaiser, was des Kaisers ist, aber gebt auch Gott, was Gottes ist! Und wenn der Kaiser uns deswegen verfolgt, so wollen wir es mit Freuden leiden. Seid ermutigt, Brüder und Schwestern, unserem Herrn treu nachzufolgen in diesen letzten Zeiten, wie Er spricht: „Fürchte dich nicht vor dem, was du leiden wirst! Siehe, der Teufel wird einige von euch ins Gefängnis werfen, damit ihr geprüft werdet, und ihr werdet Bedrängnis haben zehn Tage. Sei treu bis zum Tod! Und ich werde dir den Siegeskranz des Lebens geben." (Offb 2,10). Um mit den Worten des Thesenpapiers zu schließen: Es steht zu viel auf dem Spiel.

**DEM SELIGEN UND ALLEINIGEN MACHTHABER,
DEM KÖNIG DER KÖNIGE UND HERRN DER HERREN,
SEI EHRE UND EWIGE MACHT! AMEN.**

TOBIAS RIEMENSCHNEIDER   PETER SCHILD

Dieses Dokument wurde erstmalig am 9.3.2021 auf www.erb-frankfurt.de veröffentlicht.